由弗里德里希·艾伯特基金会

政治学院部出版

波恩，2014 年 2 月

本书第一版得到了埃里希·布罗斯特基金会（Erich-Brost-Schenkung）的赞助。

"任何其他国家形式都无法取代的民主主义的优势之一是讨论，讨论让选民有了方向，讨论迫使选民明确表明立场。"（Erich Brost 1951）

编辑部：约亨·达姆（Jochen Dahm），托比亚斯·贡贝特（Tobias Gombert），克里斯蒂安·克雷尔（Christian Krell），塞西里·希尔德伯格（Cäcilie Schildberg），马丁·廷佩（Martin Timpe），安妮·瓦根菲尔（Anne Wagenführ）
联系方式：christian.krell@fes.de/jochen.dahm@fes.de
印刷：Mauser + Tröster GbR, Mössingen
排版：DIE.PROJEKTOREN, Berlin
封面图片：Sven Hopp, fotolia.com

塞西里·希尔德伯格 (Cäcilie Schildberg)　　等著

董勤文　黄卫红　译

欧洲与社会民主主义

格致出版社
Truth & Wisdom Press

第二版前言

可以肯定的一点是，在历史长河中，欧盟的发展一直围绕着建立和平自由和统一欧洲大陆的理念。2012 年，欧盟获颁诺贝尔和平奖，交到手中的既是一份承认，也是一项委托。

无法辩驳的事实是，欧盟当前常常与"危机"一词相关联。新闻播报中不提到"欧元危机"，这几乎是难以想象的事。然而，"欧元危机"这个概念究竟意味着什么？至少相对于美元来讲，欧元汇率多年来一直保持稳定，比起刚引入欧元的时候还颇有升值。

语言代表着权力。讨论一件事情时使用不同的概念，其结果会大相径庭。"欧元危机"指共同体货币在设计上的缺陷，这也是导致当前问题的原因之一。然而，这个概念掩藏了所谓"欧元危机"实际的根源，该根源深埋于 2008 年的金融危机之中。

当时，不受监管的金融市场顷刻间崩溃，银行只能依靠国家出手相救。国家因此债台高筑，一些国家甚至难以获得新的贷款，这才是"欧元危机"概念真正的内核所在。

如果从这一视角来看危机和危机根源（缺少对金融市场的国际监管），欧洲的一体化显然并非问题所在，但却可以成为解决方案的一部分。欧洲一体化能够在一个层面上制定国家自身无法实现的市场规则。

因此，欧洲的团结统一是关键举措，原来如此，现在依旧如此。自由、正义和团结：欧洲各国之间的合作提供了实现社会民主主义基本价值的机会，比起一个国家的单打独斗，能够获得更大的成功。

建设社会福利的欧洲是贯穿本书的愿景。

我们希望通过文字让人们进一步了解和理解欧洲，并在介绍过程中解释和说明"欧元危机"等概念，以及概念背后的情况和信息。当然，我们也希望能正面宣传欧洲。一个社会民主主义的欧洲不会从天而降，而是需要致力于此的志士共同努力。

就此主题，您可以参阅弗里德里希·艾伯特基金会的国际政策分析（IPA）成果，本书从中获得了许多启示。我们在此感谢杰罗·马斯（Gero Maaß）、希莉亚·艾伯特-利伯斯金（Cilia Ebert-Libeskind）、扬·尼克拉斯·恩格斯（Jan Niklas Engels）、克里斯托斯·卡修斯（Christos Katsioulis）和比约恩·哈克（Björn Hacker）的真知灼见和建议。

特别鸣谢塞西里·希尔德伯格（Cäcilie Schildberg）、马丁·廷佩（Martin Timpe）、托比亚斯·贡贝特（Tobias Gombert）和安妮·瓦根菲尔（Anne Wagenführ）。希尔德伯格作为本书的主要执笔人，撰写了本书绝大部分的文章。廷佩、贡贝特和瓦根菲尔在编辑工作上给予了大力支持，锦上添花。

我们向米歇尔·道德施塔特（Michael Dauderstädt）与米歇尔·菲舍尔（Michael Fischer）致谢，策划本卷内容时，两位给予了许多提议，同时也感谢塞弗林·菲舍尔（Severin Fischer）、尤利安·施瓦茨科普夫（Julian Schwartzkopff）、卡奇·巴里（Kaki Bali）、荣雅·肯平（Ronja Kempin）和尼尔斯·加茨克（Niels Gatzke）撰写的文章和内容更新提示。

最后，特别感谢安杰丽卡·施瓦尔-迪伦（Angelica Schwall-Düren）的帮助。她是北莱茵—威斯特法伦州的欧洲事务部长。施瓦尔-迪伦女士积极参与了本书的策划，就此版的原稿提出了许多重要建议，我们对此表示诚挚的感谢。感谢上述诸位。书中尚存的不足，责任由我们自负。

社会民主主义学院的标志是一枚指南针。通过社会民主主义学院提供的内容，弗里德里希·艾伯特基金会希望建立一个厘清各种立场与导向的框架。若读本内容能够有助于形成您的政治道路，我们将不胜荣幸。社会民主主义的蓬勃发展正在于公民对此的不断探究，并为之而奋斗。

克里斯蒂安·克雷尔　　　　　　　　约亨·达姆

（Christian Krell）　　　　　　（Jochen Dahm）

社会民主主义学院院长　　　社会民主主义系列读本项目主管

目 录

第一章　引言

置评欧洲 ① 时，我们能听到不同的声音。举个例子，有人会说：

和平

> 欧洲对我而言是和平的保证。我亲身经历了第二次世界大战，满目疮痍，种族大屠杀的惨烈历历在目。欧洲，从欧洲煤钢共同体到今时今日，于我们而言是和平的降临。如今的欧洲能够保障社会和平，包括德国的和平。（蕾娜特，78岁，退休人员）

> 欧洲对我而言不是和平力量。欧盟在裁军方面需有更大的作为。（托尔斯腾，23岁，大学生）

上述两段评述的涵盖面之广也体现在欧洲的其他领域，包括欧洲大陆的民主发展问题：

民主

> 对我这样的社会科学工作者来说，欧洲是非常振奋人心的政治统一项目。一个多国联合体跨越几十年仍然依靠民主的工具和手段保持团结统一，放眼历史，还没有任何一次尝试像欧洲这样成功。与

---

① 欧洲所包含的范围超过欧盟的成员国家。"欧洲"这个名称指的是以欧洲共同体（EG）/欧洲联盟（EU）为表现形式的欧洲经济和政治一体化。"欧洲"和"欧盟"两个概念在下文中作为近义词使用。若概念使用偏离上述原则，文章将在相应处明确说明。

此同时，欧洲一体化工程也面临着渐渐淡出公民视野、为人们所淡忘的危险：欧洲议会选举的参与率往往过低。我们在民主进程中必须找到欧洲政策未来发展的重点。（卡拉，40岁，社会科学工作者）

我对欧洲所知甚少。我作为交换生去过法国，和爸爸妈妈去过欧洲其他国家度假。在那些地方，我结识了新朋友。能够自由地到处旅行、互相理解，这种感觉真的很棒。除此之外，我对"欧洲"这个概念没有什么兴趣。（玛蒂娜，18岁，中学生）

就经济繁荣的相关问题也存在着不同的意见：

繁荣

欧洲太棒了。我有一家小型的太阳能技术生产企业。规模很小，但生产的却是顶尖技术产品。我们的销售范围已经延伸到葡萄牙，我们不仅在那里度假，还做起了生意。（汉斯，52岁，独立从业者）

欧洲与我无关。我是德国人，我认为不该放弃德国马克这一货币。（格奥尔格，62岁，退休人员）

再来听听人们关于社会平等怎么说：

社会平等

欧洲没给我带来什么好处。我在一座临近波兰边境的城市里做安装工人。波兰同事们的生活水平低，把我们这里的物价搅和得乱糟糟，我怎么才能保住自己的生计呀？看看我，你就知道我们付出了怎样惨痛的代价。德国里里外外到处在缩减社会福利开支，把千百万欧元转账给了布鲁塞尔。这样做不对。（马库斯，32岁，安装工人）

身为希腊人的我对欧洲有双重情感：一方面，欧洲迫使我们的政府削减社会福利，粗暴地整顿国家预算。另一方面，信用评级机构调低我们信用评级的时候，欧洲却站出来支持我们。（科斯塔斯，47岁，教师）

人们对欧盟政策的可持续性也褒贬不一：

可持续性

欧洲一条条的环境指令是不错，但工作生计也是头等大事。（萨宾娜，44岁，化学工作者）

欧洲是我们应对气候变化的重要机会。若欧洲能成为榜样，希望也能带动国际社会致力于环境和气候保护。（蒂姆，21岁，大学生）

如何看待欧洲？

在如何置评欧盟的问题上，显然存在不同的视角。对于一个涉及面如此广泛的庞大工程而言，意见不一并不足为奇。我们再仔细琢磨一下受访者的上述言论，从中可以确定两点。

上文的评论不仅涉及欧盟，人们在发表意见时也联系了自身的境遇。字里行间透露着对欧盟的期待和愿望，比如，欧盟首先应该成为内部市场还是政治联盟的问题。另外还须区别这些言论中哪些涉及历史发展，哪些谈及当前状况，还有哪些描绘了欧盟的未来潜力。本书旨在解决上述张力。

第二章：纲领性的框架

第二章首先阐明了纲领性的框架，所涉问题包括：从社会民主主义的角度来看，对欧洲和为欧洲提出了哪些期望？潜在的社会民主主义者在欧洲看到了什么？

第三章和第四章：欧洲的今天和明天

第三章介绍了欧盟的历史发展和现状。第四章则简单阐述了可能的改革措施。

第五章比较了基民盟（CDU）、自民党（FDP）、社民党（SPD）、联盟 90/绿党（Bündnis 90/Die Grünen）和左翼党（Die Linke）的基本纲领和欧洲政策。

以欧洲为背景，我们不但应熟识国内的政治情况，也应了解其他国家的讨论主题，这一点十分重要。为此，第六章比较了德国、法国、英国、波兰和希腊有关欧洲的讨论。

在正式开启本书内容之前，我们请各位读者先来看一下图 1.1。图上有两个人坐在公园长凳上讨论欧洲。

年轻男子对"欧洲 50 年维持了'和平'"的说法有些不以为然。您会怎么回应？您同意关于欧盟历史成就的说法吗，还是更关注欧盟的现状或未来发展的特定潜力，抑或是担忧更占上风？

请您记录对上述问题的回答。我们将在本书末尾再次探讨这一问题。

图 1.1 @Chappatte，见《国际先驱论坛报》
（*International Herald Tribune*），www.globecartoon.com

与欧洲相关的 20 个缩写

AdR：地区委员会

EA：欧洲军队

EAD：欧洲对外行动署

EEA：《单一欧洲法案》

EG：欧洲共同体

EGB：欧洲工会联合会

EGKS：欧洲煤钢共同体

EP：欧洲议会

ESVP：欧洲安全与防务政策

EU：欧洲联盟（欧盟）

EuGH：欧洲法院

Eurostat：欧盟统计局

EURATOM：欧洲原子能共同体

EWWU：欧洲经济与货币联盟

EWG：欧洲经济共同体

EZB：欧洲中央银行

GASP：共同外交与安全政策

OMK：开放协调法

SPE：欧洲社会民主党

WSA：经济与社会委员会

第二章　社会民主主义
——欧洲的指南针

克里斯蒂安·克雷尔　约亨·达姆

本章

- 概述欧洲一体化工程对社会民主主义的历史意义；

- 阐述社会民主主义的基本价值（自由、公正和团结）及其在政治行动中的重要作用；

- 展示社会民主主义的基本价值在政治、公民、社会、经济和文化基本权利中的具体体现；

- 阐述在民族国家面临新的挑战时，在国际主义和国际团结的传统影响下，实现基本权利对欧洲及欧洲以外的国家为何至关重要；

- 在此基础上，确定并讨论欧洲社会民主政策的五项原则：和平、民主、繁荣、社会平等和可持续发展；

- 阐述如何基于上述欧洲政治原则和《社会民主主义理论》，区分社会福利的欧洲模式和自由意志主义的欧洲模式。

统一的欧洲！

早在 1866 年——当时欧洲统一仍遥不可及，德国依旧由各个小邦国组成——全德工人联合会①的《莱比锡纲领草案》便提出了"建

欧洲：之前便非常重要

---

① 1875 年，全德工人联合会与社会民主工人党合并，成立德国社会主义工人党，1890 年更名为德国社会民主党（SPD）。

6

立一个团结的欧洲国家"的构想。

1925 年，第一次世界大战的恐惧尚未消退，德国社民党便呼吁"建立欧洲合众国，以实现各大洲人民之间的团结"（Heidelberger Programm 1925，引自 Dowe/Klotzbach 2004：203）。

今天，在首个欧洲宣言发表近 150 年之后，社会民主党仍致力于推动欧洲一体化。2007 年的《汉堡纲领》表达了其核心诉求。

欧洲与社会民主主义

> 社会福利的欧洲必须成为我们应对全球化的方针。（Hamburger Programm 2007：5）

为什么对社会民主主义而言，欧洲理想在过去和现在都如此重要？这个问题的答案可从以下几方面来寻找：

我们首先应追溯社会民主主义的基本价值（自由、公正和团结）及其在联合国的基本权利公约中的具体规定。

基本价值和基本权利

国际主义和国际团结的社会民主主义传统也值得关注。只有所有国家跨越边界、通力合作，才能实现基本价值主张及相应的基本权利。

国际主义和国际团结

为实现基本权利和价值，必须采取社会和国家行动。全球化框架的新条件已经缩小国家层面的行动空间。这也说明为什么过去和现在促进欧洲统一都是社会民主主义的一项重要任务。

国家行为责任

第一节　基本价值

自由、公正和团结——这是社会民主主义的基本价值。基于上述信念，人们在政治上努力奋斗，旨在建立能够实现上述价值的社会。

《社会民主主义的基础》详细描述、诠释和说明了社会民主主义的基本价值。因此，本书仅做简略定义。

自由

同等的自由

自由首先意味着自主生活。自由的人不必担心遭受国家或社会的任意攻击。

同时，自由意味着可以避免陷入有伤尊严的依赖、贫困和恐惧，拥有发展自己个性的机会。只有具备了行使自由的经济和社会条件，才能实现真正的自由。

社会民主主义追求同等的自由。每个人都应享受同等的自由，并能够利用其自由机会。这也导致个人自由受到限制：如果一个人的个人自由妨碍了另一个人的自由，就必须对其加以限制。

延伸阅读：
《社会民主主义的基础》第二章。

在民主社会中，必须对自由进行动态解读：个人自由的界限在哪里，个人自由何时会影响他人自由并需要对后者进行保护。对此，我们无法一言概之：这是民主协商的任务。

有待讨论

禁烟有多严格？

"草坪上禁止吸烟"：2010 年，巴伐利亚州举行全民公决，决定是否实行严格的禁烟令。具体而言，这里涉及吸烟者与不吸烟者的自由。人们最终以民主协商的方式，合法确定和权衡各方的权利。

任务：请思考，您持有怎样的观点并说明理由。

公正

我们永远无法定义绝对的公正，而只能描述物质或非物质商品以及获得机会与分配之间的关系。人人享有平等的权利，这是天赋人权。因此，商品分配的第一准则是平等原则。不平等的分配必须说明正当理由，例如绩效或需求不同。①

人人享有平等尊严是公正的基础，不仅要求法律面前人人平等，而且要求人们享有平等参与和社会保障的机会，无论家庭背景、社会出身、财富或性别如何。

有待讨论

有关"公正"辩论的实例

一家广告公司共有六名员工。大家在规划圣灵降临节假期时发生了争执，因为每个人都想休假。

托马斯（Thomas）	有两个学龄孩子的单身父亲	孩子平时要上学，只能在学校规定的假期内出游
德克（Dirk）	有80%严重残疾的员工	他想在休假期间参加"治疗背痛"的健康保健培训
阿梅德（Ahmed）	已婚，妻子是教师	受学校假期规定的限制，他想和妻子一起度假
夏洛特（Charlotte）	与配偶生活在一起	希望休假，因为她为了替别人顶班，已经连续六个月没有休假
安东（Anton）	有十个孩子的父亲	多年来一直参加圣灵降临节的赛马活动
塞西里（Cäcilie）	有学龄前孩子的家庭	她是一名志愿者，希望主持社会民主主义学院的研讨会

任务：想象一下，您现在需要根据社会民主主义的原则，进行一次"公正的假期分配"。您的解决方案是什么？

---

① 《社会民主主义的基础》第二章第二节详细讨论了"平等"与"公正"两个概念。《社会福利国家与社会民主主义》第三章《福利国家的公正原则》描述了不同的公正原则如何相互补充。

团结

团结是人们愿意相互扶持、相互帮助，并因此而产生相互联系和责任感。社会民主党人约翰内斯·劳（Johannes Rau）将团结喻为社会凝聚力的砂浆。工人运动的历史表明，一个追求自由和公正的群体团结一致，可以迸发出改变社会关系的力量。国家不能命令人们团结，但可以营造促进团结的社会空间。

社会民主主义始终强调，其对团结的理解没有国界，相反，国际团结几乎出现在所有社会民主主义的纲领文件中。团结是一种动力，尤其在国家和多边主义行动者执行力欠佳的国际背景下，可以确保开展国际合作的机构实现每个人的基本价值和基本权利。

有待讨论

有两个社会福利项目竞争，争取国民预算：

项目一： 家长倡议，希望在某个城区成立一家综合俱乐部（体育俱乐部、艺术工作室、音乐学校等），使学生能够有机会全天候参加文娱活动。

项目二： 在某个小城建立一家住房合作社，提供民众负担得起的住房。为了获得启动资金，该合作社申请了国民预算扶持资金。

任务： 请为这两个项目制定尽可能促进团结的解决方案。

基本价值对政治行动的重要意义

对政治行动而言，基本价值具有双重作用：

- 一方面，基本价值可以成为衡量个人、政治或社会运动政治意愿的标准。
- 另一方面，基本价值是评价社会现实的标准。

目前，德国所有的主要政治流派都崇尚自由、公正和团结的基本价值。这些基本价值也被写入了《欧盟基本权利宪章》的前言：

> 基于对其精神、宗教和道德遗产的认识，欧盟建立在人类尊严、自由、平等和团结等不可分割和普遍价值观的基础之上。（Europäische Union 2000）

然而我们必须知道的是，各种政治流派对上述基本价值的理解在内容和权重上有所不同。社会民主主义认为，社会民主主义的基本价值同等重要、相互依存、相互支持、相互制约。

内容和权重有所不同

> "自由、平等、兄弟情谊"是法国大革命的基本要求，是欧洲民主的基础。自从同等自由的目标成为现代社会公正的代表以来，自由、公正和团结始终是自由和民主社会主义的基本价值。这些基本价值现在依然是我们评估政治现实、衡量社会秩序改善的标准，为社会民主主义人士指明行动的方向。（Hamburger Programm 2007：14）

第二节　基本权利

在思考基本价值对欧洲社会民主主义政治原则的意义时，我们会面对一个具有两面性的问题。

首先，基本价值并非没有争议。各种政治流派和文化所主张的基本价值各不相同。因此，这些基本价值并非（欧洲）政治制度广泛和普遍接受的基础。

从基本价值到基本权利的论证路线

其次，基本价值比较抽象。若要阐述政治原则，必须对其进行详细论述。仅凭基本价值，无法精确而具体地为我们提供有关欧洲政治制度的指导。

那么，基本价值对具体的欧洲政策究竟意味着什么？基本价值如何在政治实践中得以体现？人们可能会问，自由的基本价值对有关工作时间安排的新版欧洲指令意味着什么？

下述几点非常明确：在阐述欧洲社会民主主义政治时，社会民主主义的基本价值是一个重要的框架。但也必须找到一个更加广泛、更具有约束力的基础，从而提出精确而具体的要求。

因此，《社会民主主义理论》（Die *Theorie der Sozialen Demokratie*）（Meyer 2005）不仅涉及基本价值，而且涉及基本权利。联合国的基本权利公约中规定的基本权利更加明确地体现了基本价值。这些基本权利源于抽象价值，也与具体政治紧密结合，并规定了每个人的具体权利，因此可将其理解为抽象价值与具体政治之间的"中间原则"（Höffe 2001：70）。

在确定欧洲社会民主主义政治原则时，很多人主张遵循各项联合国公约：

- 联合国公约是世界上最为统一、具有法律约束力、跨文化跨国界的人类基本权利和人类共处的来源。
- 联合国公约非常具体和精确地规定了每个人的权利。

对基本权利而言，这到底意味着什么？ 1966 年，联合国起草了两份基本权利国际公约。

《公民权利和政治权利国际公约》（《民事公约》）[1] 首先提出了所谓的消极自由权利，即反对国家或社会任意

延伸阅读：
Thomas Meyer
（2005），Die
Theorie der Sozialen
Demokratie，
Wiesbaden.

《社会民主主义的基础》第四章。

两项基本权利公约：
《民事公约》……

> 消极自由权利主要体现为防御权，旨在保护个人的生活方式免受国家干预。宗教自由、住宅不受侵犯或言论自由权等是《德意志联邦共和国基本法》中典型的消极自由权利。
>
> 积极自由权利是实质上赋予的权利，可确保人们真正行使自由。德国某些联邦州宪法中规定的受教育权或工作权是典型的积极自由权利。

---

[1] 1966 年 12 月 19 日的《公民权利和政治权利国际公约》（引自 Heidelmeyer 1997）。

干涉人身自由的权利，包括人身自由和安全权（第 9 条）、不受干涉的言论自由权（第 19 条），以及自由和秘密选举权（第 29 条）。

《经济、社会及文化权利国际公约》(《社会公约》)[1] 首先是所谓的积极自由权利，即通过国家、国际社会和社会共同体的措施来实现和促进个人自由的赋能权利。这些权利包括工作权（第 6 条），公平、安全和健康的工作条件权（第 7 条），自由工会组织权（第 8 条），社会保障权（第 9 条）以及免费教育和高等教育权（第 13 条）。

……和《社会公约》

全世界已有 167 个国家批准通过了《民事公约》，还有 161 个国家批准了《国际社会公约》。请注意，体制上反对基本自由权利的国家也签署了上述公约。理想与现实之间通常存在较大的差距。

社会民主主义的目标是弥补这一差距，并推行各项联合国公约规定的基本政治、公民、社会、经济和文化权利，使其不仅在形式上有效，同时能产生实际效用。

要求：基本权利的实际有效

欧洲层面除《欧洲联盟基本权利宪章》和《欧洲人权公约》外，还有两处规定了基本权利。

欧洲层面的基本权利

《欧洲人权公约》主要是政治权利和公民权利，即消极自由权利的集合。该公约在欧洲委员会[2] 的框架内创建，因此独立于欧盟之外。但该公约援引了《欧洲联盟条约》，其中规定的基本权利是"欧盟法律基本原则的一部分"（《欧洲联盟条约》第 6 条第 3 款）。

《欧洲人权公约》

同样通过援引，《欧洲联盟基本权利宪章》（以下简称《基本权利宪章》）也被纳入了欧盟法律（《欧洲联盟条约》第 6 条第 1 款）。

《欧洲联盟基本权利宪章》

《基本权利宪章》不仅包括消极自由权利，还包括经济和社会权

---

[1] 1966 年 12 月 19 日的《经济、社会及文化权利国际公约》（引自 Heidelmeyer 1997）。

[2] 欧洲理事会成立于 1949 年，是独立于欧盟之外的国际组织。我们必须将欧洲委员会与欧洲理事会区分开来。

利，例如"享有健康、安全和体面的工作条件"（第31条），"防止不正当解雇"（第30条）或"免费职业介绍服务"的权利（第29条）。

《欧洲人权公约》和《基本权利宪章》的直接法律效力有限。例如，其法律效力无法与《德国基本法》所规定的基本权利对德国法律体系的重要性相提并论。[①]

然而，我们不能仅依靠正式程序和法律程序来实现基本权利。

在法律中规定基本权利是首要步骤，其次是使其具有可执行性。基本权利在人们的生活中应发挥实际作用。

各项联合国公约中规定的"使自由的人摆脱恐惧和贫困的理想"是政治和道德主张。

社会民主主义：实现基本权利！

这是社会民主主义的诉求。社会民主主义本质上是在世界范围实现积极和消极自由权利的纲领。根据《社会民主主义理论》的核心思想，这意味着，社会民主主义可以在几乎所有的联合国公约国家认可的基础上制定其纲领。

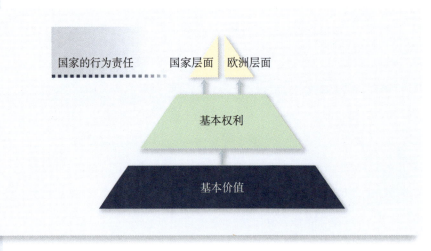

图2.1　基本价值、基本权利和国家行为责任之间的关系

---

①　详见第三章第三节。

14

第三节　欧洲与社会民主主义：三大联系

这种基本价值导向及其在基本权利中的应用与欧洲有什么关系？三大联系清楚表明，为什么社会民主主义在历史上一直致力于欧洲统一，为什么欧洲统一仍然是一个重要目标。

第一，欧洲非常重要，因为欧洲原则上可以提供民族国家层面已经丧失的行为回旋余地。

第二，国际主义和社会民主主义的基准要求：基本价值和基本权利应普遍适用。

第三，国际团结问题及国际合作的传统诠释了社会民主主义对欧洲工程的重要意义。

这与一个明确的战略原因息息相关：跨国界的社会福利条件越统一，员工相互竞争的潜在可能便越小。对大多数人而言，团结不是单行道或慈善活动，它具有非常重要的意义。

欧洲层面的国家行为责任

消除贸易壁垒，将先前孤立的经济体（例如中国）融入世界贸易，增强跨国交流与合作及快速的技术创新，推动所谓的全球化进程。

在这个全球化的世界中，民族国家在各项合作领域都面临压力。与此同时，国家行为对社会民主主义而言至关重要。其同等自由的要求只有借助国家机构才能实现。

从基本权利派生出了对政府行为的具体要求和责任。国家提供基本权利的最终保证。如果无法在国家框架内全面实施国家行动（例如出于全球化原因），则必须检验存在哪些替代性的国家层面，以确保基本权利的实现。

三大联系

1. 行为回旋余地

2. 国际主义

3. 国际团结

延伸阅读：
《经济与社会民主主义》第三章第三节。

《社会福利国家与社会民主主义》第五章第二节。

近年来，欧盟已成为这方面的决定性因素。凭借其相对强大的机构，欧盟原则上重新获得了国家层面失去的行为回旋空间（参见Meyer 2005：365）。

> 当民族国家无法为市场设定社会和生态框架时，欧盟必须采取行动。欧盟必须成为我们应对全球化的方针。（Hamburger Programm 2007：26）

但请注意，欧洲一体化源自共同市场。在欧洲架构中，消除贸易壁垒比建立新的社会保障或社会参与构建原则更容易（参见Meyer 2005：365—367）。

因此，一个社会福利的欧洲不会自动形成。如第二章第五节所示，我们也没有理由放弃建立社会福利欧洲的目标或欧洲统一的构想。

国际主义——基本价值和基本权利的普遍权利要求

社会民主主义在定义自身目标时始终坚持超越国界的限制。自由、公正与团结不仅应成为德国政治行动的准则，也应在全球范围争取实现上述目标。

应将同等的自由视为所有人的自由。仅仅适用于一国公民而非所有人的自由意味着专断独裁。基于上述基本权利，普遍权利要求变得更加清晰。世界大多数国家已通过各项联合国公约。

如前所述，各项联合国公约是世界上最为统一、具有法律约束力、跨文化跨国界的人类基本权利和人类共处的来源。

如果人们要在全球追求这种价值取向，那么欧洲层面也是一个重要的框架。毕竟，欧盟是相互依存度和重要性最高的跨国政治联盟之一。对社会民主主义而言，不但应在全世界范围，而且也应在欧洲，并借助欧洲实现其价值取向。

国际团结——跨国合作的实践

历史告诉我们，工人运动政党的国际合作倾向通常在政治实践 工人运动：国际组织
中也显露无遗。卡尔·马克思和弗里德里希·恩格斯所著的《共产
党宣言》最后一句话对此做出了最早且最明确的表述："全世界无产
者联合起来！"（引自 Dowe/Klotzbach 2004：85）

他们发出这一呼吁出于坚定的信念：19 世纪，资本日益国际化，
跨国合作不断加强，若要改善恶劣的生活和工作条件，获得民主参
与权，国际工人兄弟就必须团结起来。

许多论据说明了，由于 20 世纪和 21 世纪的资本主义在国际上
的相互依存性和灵活性上升，上述论点能够成立。

于是，欧洲和世界各地的左派政党在各种国际联盟中联合起来。 社会主义国际和进步联盟
社会主义国际是这类组织之一，2013 年成立的进步联盟也是如此。
今天，欧洲社会民主党由欧洲的社会主义党派和社会民主主义党派
组建而成。

> 社会主义从一开始就是一场国际运动。社会主义具有国际性，因
> 为它致力于帮助所有人摆脱经济、精神和政治的奴役。社会主义具有
> 国际性，因为它坚信没有任何民族能够独自找到应对所有经济和社会
> 问题的长期解决方案。（Sozialistische Internationale 1951，引自 Dowe/
> Klotzbach 2004：274）

欧洲工会运动也形成了跨越国界的欧洲工会联合会。在国际上， 欧洲工会联合会
欧洲工会联合会也使用 ETUC（European Trade Union Confederation）
这一名称。联合会的自我定位如下：

延伸阅读：
Hans-Wolfgang
Platzer（2010），
Europäisierung der
Gewerkschaften.
Gewerkschaft-
spolitische
Herausforderungen
und
Handlungsoptionen
auf europäischer
Ebene，FES（Hg.），
IPA，Berlin.

欧洲工会联合会的主要目标是推广欧洲的社会模式，为发展和平稳定的统一欧洲，确保劳动人民及其家庭成员充分享受人权、公民权利和高水平生活而努力。（EGB 2010：1；Übersetzung JD）

2003 年和 2006 年码头工人的跨国罢工等实践也进一步显示了国际团结的重要性。通过在"鹿特丹、巴塞罗那、马赛和安特卫普及利物浦、比雷埃夫斯和哥本哈根组织的同步罢工"（Bsirske 2006：1），码头工人成功阻止了自身工作条件的严重恶化。罢工针对欧盟委员会指令（港口服务作业法案 Ⅰ 和 Ⅱ）。指令中提出的自由化是所谓"消极一体化"的首个典型案例，第二章第五节将详细讨论其存在的问题。

有待讨论

国际团结——实例

过去几年里，通用汽车多次威胁要在欧洲子公司裁员和关闭工厂，但通常没有说明这些举措是否将涉及全部员工，或部分涉及某些员工。

任务：假如您是欧洲企业职工委员会主席，该消息公布后，您希望欧洲企业职工委员会成员奉行国际团结的方针和战略。您该在讲话中如何论述观点？

第四节　欧洲政治五项原则

下述几点非常明确：社会民主主义以自由、公正和团结的基本价值为基础。这些基本价值在基本权利中得到具体体现。基本权利主张普遍适用，但其真正影响仍然取决于国家和国际层面的社会实施和国家行动。

欧洲对社会民主主义至关重要，因为社会民主主义致力于国际团结和实现超越国界的同等自由，也希望在欧洲层面实现其价值主张。在全球化时代，欧洲能够成为实现同等自由的重要工具。

欧洲政治五项原则

这对欧洲社会民主主义政治而言意味着什么？本书认为，如果要在欧洲内外部实现其基本价值和基本权利，欧洲社会民主主义政治必须基于欧洲政治五项原则：

- 和平；
- 民主；
- 繁荣；
- 社会平等；
- 可持续发展。

从这个角度来看，和平与民主是欧洲工程的基础。繁荣、社会平等和可持续发展必须在和平与民主的基础上公正地加以平衡。在此，我们应该牢记，"原则"一词涵盖了截然不同的内容。

对我们而言，"原则"这个概念具有多项功能：它阐述了行动领域、目标及方法途径。

和平

> 和平不是万能的，但若没有和平，一切都无从谈起。（Willy Brandt 1982，引自 Verlag J.H.W. Dietz Nachf. 1982：20）

欧洲的战争经历……

前联邦总理、时任社会民主党主席维利·勃兰特（Willy Brandt）的上述认识不仅源自勃兰特第二次世界大战期间的亲身经历。几个世纪以来，战争一直主宰着欧洲的历史。征服战争、内战、宗教战争在欧洲历史上层出不穷。

19

第二次世界大战后，欧洲从战火硝烟中吸取了教训，首先合并了煤炭和钢铁生产，限制了再次发动战争的能力（武器是战争的先决条件，来自钢铁生产）。如第三章所示，这只是迈向欧洲统一的前奏。2012 年危机期间授予欧盟的诺贝尔和平奖是一项历史性成就。欧盟目前由 28 个民主法治国家组成，彼此之间规则严明、相互依存。

如何以及应该如何实现和平始终是公众辩论的主题。例如，德国和欧洲近期的军事部署备受争议，并经常引发关于"欧洲作为和平力量"的讨论。从出兵当时的南斯拉夫到两次伊拉克战争再到出兵阿富汗，这些事件常常引发公众对"欧洲作为和平力量"问题的热议。

可以肯定的一点是，在社会民主主义看来，和平共处是共同实现基本价值和基本权利的关键前提。只有确保了和平，即保护了生命，社会民主主义才能发展。

这对社会民主主义的欧洲而言意味着：

- 欧盟各成员国从其宪制上看均致力于和平，首先保障法治安全和社会和平；
- 欧盟成员国之间不得使用暴力，应和平共处；
- 欧盟外交也以和平为导向，旨在建立一个更为和平的世界。

民主

民主参与、争取社会权利和社会解放之间的关系紧密，是工人运动永恒的主题。社会民主主义人士很早就在国际和欧洲层面呼吁民主原则，想来不足为奇。早在 1951 年，社会主义国际便规定：

社会主义者通过民主手段争取建立一个新的自由社会。没有自由，就没有社会主义。只有通过民主才能实现社会主义，只有通过社会主义才能实现民主。（Sozialistische Internationale 1951，引自 Dowe/Klotzbach 2004：269）

社会民主主义者很早便开始推动欧洲议会的直接选举。维利·勃兰特 1969 年政府报告中的名言"我们要大力推行民主"涉及欧洲层面。

从社会民主主义的角度来看，在国家和社会实现民主的原则不单单是必须追求的目标，也是决定行动的原则。实现"民主"目标的行为本身必须具有民主性。过程和结果必须体现民主。

民主：目标和行动原则

如今在欧洲，追求民主比以往任何时候都更具有现实意义。针对欧盟公民的代表性民意调查"欧洲晴雨表"（Eurobarometer）数据显示，2013 年秋，只有不到一半的民众认为欧盟的民主状况比较令人满意（39%）或非常令人满意（4%）；超过一半的受访者表示不满意（32%）或非常不满意（14%）（Eurobarometer 2013a：68）。

> 越来越多的生活领域受到欧洲决策的影响。我们要创建一个人民的欧洲。我们要大力推行民主。（Hamburger Programm 2007：27）

这对社会民主主义的欧洲而言意味着：

- 欧盟的组成、架构和机构必须符合民主原则，应建立一个赋予所有欧洲公民民主参与权的政治联盟；
- 通过选民，实现欧盟政治权力的合法化；
- 通过透明的欧洲政策和强大的欧洲社会，了解欧洲进程，促进民主监督和参与；国家媒体的欧洲化及欧洲媒体、民间社会组织、社会伙伴和强大欧洲政党的发展都具有重要意义；
- 欧洲不仅是一项政治精英工程，也应得到大多数人民的支持。

繁荣

如联合国公约所言，"人类"的生活应该"摆脱恐惧和贫困"。其中具体阐述了"持续的经济、社会和文化发展以及生产性充分就

摆脱贫困

业"的目标。

摆脱贫困不可避免地需要基本的物质保障。必须确保最低繁荣水平，从而保证每个人都能履行其基本权利。

一方面，这关乎每个人的个人繁荣。另一方面，这关乎整个社会的繁荣，从而确保民主制定的公共任务可以调动充足的资源。

一定程度的繁荣是建立自由、公正和团结社会的重要基础。提高生产力和附加值可以为社会繁荣创造空间。相应的再分配也可能创造个人繁荣。

延伸阅读：
《经济与社会民主主义》第四章第三节。

出于经济原因，社会民主党迫切呼吁实现欧洲经济一体化，从而建立欧洲合众国，实现各大洲人民之间的利益团结。（Heidelberger Programm 1925，引自 Dowe/Klotzbach 2004：203）

历史经验表明，在经济增长阶段，国民生产总值的分配往往比低迷时期更为公正。因此，经济增长与繁荣有助于实现上述价值和社会民主目标。

相关性：实现繁荣与对欧盟的认可

若将繁荣与欧洲一体化综合起来考虑，那么另一种联系对社会民主主义而言更为重要：欧洲一体化与繁荣密切相关，这种思想不论过去还是现在，都得到了欧洲民众的大力支持（参见 Noll/Scheuer 2006：1—5；Eurobarometer 2008：15）。

我们在提出繁荣和增长要求时，当然不能置社会、生态或社会利益于不顾。这里关乎有质量的增长。

这对社会民主主义的欧洲而言意味着：

• 欧洲一体化有助于促进繁荣和增长；
• 繁荣和增长可提高人民福祉，并为建立高效的国家政权、有效的社会制度提供了基本的生存风险保障、高水平的教育和公共服务保障；

- 通过有质量的增长来实现繁荣。

> 欧洲创造了世界上最大的单一市场，并成功实行了单一货币。这符合欧洲人民的利益。但无论在德国还是在欧洲，我们都不会接受市场经济形成市场社会。（Hamburger Programm 2007：28）

社会平等

任何重视社会民主主义的基本价值和基本权利的人，都必须追求社会平等的欧洲政治。不仅自由、公正和团结的基本价值对此有要求，联合国公约规定的基本权利也提出了社会平等的诉求。

例如，要求"体面的生活条件"及"女性的工作条件不得比男性差且同工同酬"，保证"充足的食物、衣服和住宿"，拥有"受教育权"，从而保证"个性得到充分的发展"。

社会民主主义努力建立一个具有社会公民权的社会，每个人都能享受有尊严、有物质保障的生活，无论市场成果如何，公民都能够参与社会和民主生活。

社会公民权

不论从社会民主还是民主理论的角度来看，社会平等都至关重要：大量研究证明，对民主的理解（即公民和政治方面的平等）与物质及社会问题之间的联系非常微妙。

相关性：社会平等和民主

这一点在弗里德里希·艾伯特基金会关于民主与民主信心的研究（Embacher 2009）中得以明确体现。当被问及最关键的民主要素时，74% 的受访者认为"法律面前人人平等""非常重要"。受访者提及的第二个民主关键要素是"体现社会公正"，67% 的受访者认为这一点"非常重要"，32% 的受访者认为"重要"。"人人在生活中享有平等机会"也被视为民主的主要特征。

延伸阅读：
Serge Embacher
（2009），
Demokratie！
Nein danke？
Demokratieverdruss
in Deutschland，FES
（Hg.），Bonn.

在民众眼中，社会和物质问题与民主之间显然存在密切的关联。没有最低程度的物质平等，就不可能实现民主。如果不平等过度，便会危及民主。

此外，民主与商品的公平分配和获得也存在过程上的相关性：只有民主地开展关于分配的社会协商，才能称之为公平分配。

社会民主主义人士坚守着这两个志向（价值取向和民主），致力于实现欧洲的社会平等。

勃兰特：不仅是"商业化的欧洲"

例如，维利·勃兰特要求欧洲共同体不仅应成为"商业化的欧洲"（Brandt, in SPD 1971: 14），还应加强社会融合："使欧洲共同体……成为世界上社会福利最发达的大都市地区，这一点必须成为努力的目标。"（Brandt, in SPD 1971: 14）

这对社会民主主义的欧洲而言意味着：

- 欧盟将促进超越区域和国家边界的社会平等；
- 除经济和货币联盟外，欧洲社会福利联盟将成为对欧洲统一同等重要的组成部分；
- 欧洲社会福利联盟在尊重不同民族国家的传统和制度的基础上，为社会平等制定具有约束力的共同标准和规范。

> 只有当公民在日常生活中不仅把欧盟视为全球化风潮席卷的自由市场经济，而且将其视为社会安全保障时，才会产生欧洲归属感。（Gesine Schwan 2010: 59）

可持续发展

在欧洲层面，可持续发展涵盖生态、经济和社会的方方面面。

可持续发展概念源于林业

首先，生态问题通常与可持续发展息息相关。有关可持续发展的最初思考实际上源于生态领域。"可持续发展"一词最早来自林业：18世纪，森林学家格奥尔格·路德维希·哈尔蒂希（Georg Ludwig Hartig）要求森林采伐的木材数量不得超过重新种植的数量。

如今，生态可持续发展意味着必须将环境视作后代生存的重要基础，尽可能原封不动地加以保护。保护资源、保护气候、保护物种和限制环境污染由此变得至关重要。

1983年，联合国成立的布伦特兰委员会（以挪威前总理的名字命名）采纳了可持续发展的理念。该委员会指出："可持续发展是指，在满足当前需求的同时，避免子孙后代陷入无法满足其自身需求的风险。"（引自 Hauff 1987：46）[①]

处理生态问题显然需要欧洲范围的合作。一方面，环境污染、洪水和气候变化一再发生。制定欧洲层面的统一标准可以防止损害自然的恶性生态竞争。欧洲也可以成为其他地区的榜样。

欧洲合作对于生态问题至关重要

另一方面，当每个地区都发挥其独特的优势和资源时，现代能源政策才能大获成功。例如，斯堪的纳维亚半岛可利用水电，南欧可利用太阳能发电，沿海国家可利用潮汐和风力发电。

这对社会民主主义的欧洲而言意味着：
- 欧盟为社会、经济和生态可持续发展做出了贡献；
- 欧盟尽力保护生存的自然基础，并努力在对外关系中实现这一目标。

环境保护的挑战不止于国界，我们只有为实现同一目标而共同努力，才能应对气候变化及其后果。（SPE 2009：17）

[①] 除了生态方面，"可持续发展"还具有经济和社会意义。详情请参阅《经济与社会民主主义》第四章第三节《经济政策的原则》。

第五节　社会福利的欧洲

和平、民主、繁荣、社会平等和可持续发展是欧洲社会民主主义的五项政治原则。

以和平与民主为基础

从社会民主主义角度来看，和平与民主是欧洲工程的基础。和平与民主是欧洲发展的前提条件，只有这样，才能实现繁荣、社会平等和可持续发展。

繁荣、社会平等和可持续发展的平衡

相反，对繁荣、社会平等和可持续发展的追求必须在第二层面公正地加以平衡。对社会民主主义而言，只有同时遵守这三项原则，欧洲工程才能成功。

尽管理解和理论导向有所不同，但欧洲其他政治流派几乎众口一词地认同和平与民主的前提条件，对繁荣、社会平等和可持续发展却各执己见。换言之，除了社会民主制度外，他们只关注三项原则中的某一项原则。

延伸阅读：《经济与社会民主主义》第三章第二节。

托马斯·迈尔（Thomas Meyer）在《社会民主主义理论》中区分了两种基本的民主主义模式：社会民主主义和自由意志主义模式。区分这两种模式的基本标准是如何定义消极自由权利与积极自由权利之间的关系。

基于这种区别和欧洲政治五项原则，我们可以区分两种欧洲模式：社会福利的欧洲与自由意志主义的欧洲。

两种欧洲模式：社会福利的欧洲和自由意志主义的欧洲

从政治理论角度而言，社会民主主义和自由民主主义是理想模式。和纯粹的社会福利的欧洲或自由意志主义的欧洲一样，上述两种纯粹模式在实践中不可能实现。然而，呈现各种不同模式有利于澄清自身的观点。

同根同源

自由意志主义和社会民主主义都基于自由民主模式，同根同源：

- 法治国家和多元化民主；

- 政治权力的宪法约束；

- 根据民主多数原则确立的人民主权。

首先，这两种模式在积极自由权利和消极自由权利的关系方面有所不同。自由意志主义认为，保障积极自由权利可能会削弱甚至摧毁消极自由权利。社会民主主义则认为，若消极自由权利和积极自由权利在形式上适用于所有人且对所有人有效力，那么两者须得到同等重视。

区别：积极自由权利和消极自由权利的关系

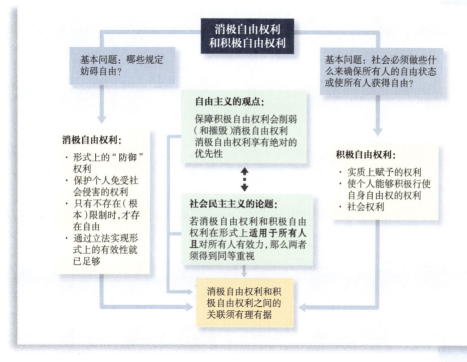

图 2.2 消极自由权利和积极自由权利

下文用两个例子说明原因。自由意志主义认为，只要国家不采取任何行动限制言论自由，例如不进行新闻审查即可。但从社会民主主义的角度来看，国家必须采取关键的行动，并创造切实且平等的机会，积极促进言论自由，包括：只有当所有人都有获取信息和接受教育的平等机会，才能形成自己的观点。

在这种情况下，社会民主主义和自由民主主义的另一个重要区别是对市场的理解不同。自由民主主义将市场理解为一种表达自由的方式，致力于建立一个自我调节的市场。

相反，社会民主主义强调，完全不受控制的市场可能造成不良的社会后果。2008 年的金融危机就是一个典型例子：

> 对我们而言，市场是超越其他形式经济协调方式的必要手段。放任自流的市场会对社会和环境视而不见。市场无法主动提供适当的公共物品。为了发挥市场的积极作用，需要具有惩罚能力的国家规则、有效的法律和公平的定价。（Hamburger Programm 2007：17）

如果将这种观点推而广之到欧洲层面，便可借助类比概念，将自由主义的欧洲看作共同基础、社会福利和自由意志主义欧洲的支柱。

自由主义欧洲的特点在于接受和实现和平与民主，概括起来具有以下特征：

- 和平的内部与外部关系；
- 法律确定性；
- 民主选举；
- 民主架构和机构。

社会福利的欧洲和自由意志主义的欧洲的拥护者都认同上述观点。社会福利的欧洲继续朝着繁荣**和**社会平等**及**可持续发展的方向迈进，自由意志主义的欧洲的拥护者则主要侧重于单方面促进繁荣、促进经济增长。这使欧洲发展的支柱由此变得抽象。

> 我们正处于十字路口：要么我们创造一个社会福利的欧洲，要么拥有共同市场的欧洲失去其凝聚力。这意味着自由或屈从。要么欧洲人成功地创造其共同政治生活的条件，要么欧洲甘心屈从于市场机制，失去那些无法在欧洲找到归属感的人。（Gesine Schwan 2010：59）

社会福利的欧洲能否成功，取决于能够在多大程度上用**积极一体化**弥补所谓的**消极一体化**。消极一体化和积极一体化是欧盟发展研究中的两个专业术语和关键术语。

创建市场的法规被称为消极一体化规定。消极一体化指通过撤销法规来统一各个国家的法规。①

消极一体化和积极一体化	
消极一体化	创建市场的法规，例如取消贸易限制
积极一体化	纠正市场的法规，例如制定新的标准

欧洲一体化过程首先在货币和经济联盟方面实施了消极一体化。取消欧洲内部关税是消极一体化的典型例子。**纠正市场**的法规被称为积极一体化。制定新的通用标准通常是积极一体化的表现。②

欧盟《反歧视指令》——它在德国促成了《一般平等待遇法》的通过——就是积极一体化的范例。该法令为所有欧盟成员国制定了新的免遭歧视的共同最低标准。

欧盟的发展呈现出消极一体化与积极一体化两者失衡的特征。从建立共同市场的构想开始，欧盟主要着眼于消除贸易壁垒。

在各个条约阶段，经济政策领域的决策通常流程简单，更易获得大多数赞成，上述举措也就更容易实现。

负责该领域的欧盟委员会及欧洲法院的裁决推动了消极一体化。

相反，在实现社会民主主义至关重要的政治领域，如经济调控、社会政策、劳动力市场政策、生态政策、教育政策或劳资关系架构，人们必须遵循一致通过的原则。

---

① 参见第三章第二节。
② 参见第三章第三节。

综合这些考虑因素，自由意志主义的欧洲具有以下特征：

- 经济进步优先于社会和生态进步；
- 消极一体化优先于积极一体化；
- 市场自由（商品、人员、服务和资本自由）优先于社会基本权利。

相反，社会福利的欧洲具有以下特征：

- 在和平与民主的基础上，繁荣、社会平等和可持续发展原则同等重要；
- 消极一体化和积极一体化的同时性和平等性；
- 依据欧洲法律，应平等对待社会基本权利和经济基本自由；
- 欧盟机构有义务推动社会福利的进步，例如采用社会影响评估的形式。

社会福利的欧洲尤其可以缩小社会伙伴，即雇主和雇员之间的财富不均。工会的罢工权、结社自由和劳资协定自主权，以及民族国家颁布劳资协议忠诚法等权利，都应充分得到保障。

建立社会福利的欧洲的前景如何？

延伸阅读：
Erhard Eppler
（2010），
Epochenwende.
Über die
Notwendigkeit
des Aufbaus einer
sozialen Demokratie
in Europa，FES
（Hg.），IPA，Berlin.

Ernst Hillebrand und
Anna Maria Kellner
（Hg.）（2014），Für
ein anderes Europa.
Beiträge zu einer
notwendigen
Debatte，Verlag
J.H.W. Dietz Nachf.，
Bonn.

长期以来，人们一直希望经济一体化最终会自动促进政治一体化。将社会政策职权转移至欧洲层面是必由之路。

由于存在各种截然不同的想法，人们越来越难以在该领域取得实质性的进展。

一方面，成员国政治多数派的政党分布情况不同。在主要由保守派欧洲政府当政的阶段，推动消极一体化是首要任务。但在主要由社会民主主义国家当政的阶段，这种状况也未得到改变（参见Manow u.a. 2004）。

不同的民族特性也产生了一定影响。例如，德国、法国和英国的福利国家信念截然不同；南欧和东欧国家的情况则更加复杂（参见第六章）。

除上述关于欧盟过于乐观和悲观的观点外，学术辩论中主要存在三种关于社会福利的欧洲未来的观点（参见 Meyer 2005：373）：

- 悲观观点；
- 乐观观点；
- 适度乐观观点。

悲观观点的论点是，社会福利的欧洲在制度上行不通，在政治上不可取。因此，社会福利的欧洲最终无法实现。持这种观点的人认为，欧盟源自一个共同市场，欧盟成员国的社会政治制度和经济资源各不相同。

乐观派认为，消极一体化产生的问题会给积极一体化的行动带来巨大压力。社会政策领域的权能将逐渐移交给欧盟，且不会对此过程实施根本限制。如此一来，社会福利的欧洲将在一个民族国家与欧盟之间相互作用的多层次体系中发展。

乐观派

适度乐观派认为，原则上只能在一定程度上实现积极一体化。但这个程度远未达到，还有不少的发展空间，其发展总体令人期待。

适度乐观派

欧盟的未来走向犹未可知。我们看到，欧洲为在欧洲内外实现社会民主主义提供了大量机会。无论如何，"欧洲晴雨表"的调查显示，"欧洲人倾向于采用'社会福利'而不是'自由主义'的方式来解决社会和经济问题"（Eurobarometer 2010：99）。在参与和实施欧洲工程的过程中，后续的一体化行动都必须符合基本价值、基本权利和欧洲社会民主的政治原则。

发展情况犹未可知

为在欧洲进一步推行社会民主主义，我们必须建立有行动力的欧洲社会民主主义。（Erhard Eppler 2010：10）

有待讨论：强化或削弱欧洲？

哲学家尤尔根·哈贝马斯（Jürgen Habermas）与社会学家沃尔夫冈·施特雷克（Wolfgang Streek）之间的争论被称为**哈贝马斯—施特雷克辩论**。两者都在 2013 年的《德国政治与国际政治》（Blätter für deutsche und internationale Politik）杂志中发表了涉及欧盟未来的文章，其观点截然不同。

有趣的是，哈贝马斯和施特雷克在对欧盟的重要判断上观点一致。两者都批评了欧盟民主主义的现状及当前的经济政策方向。经济政策在广义上结合了社会民主主义的目标。但两位学者由此得出的结论却不尽相同。

施特雷克分析后认为，应该削弱欧盟，赋予国家更多职权。他建议取消欧元。哈贝马斯称之为"怀旧的选择"。各个民族国家比欧盟目前承受的全球化市场压力更大。他建议进行欧盟体制改革，深化合作，如建立更加强大的欧洲议会。哈贝马斯认为，欧洲的社会民主党尤其应当承担起改革的重任。

社会民主主义的拥护者在各地开展了哈贝马斯—施特雷克辩论。托马斯·迈尔也在《新社会/法兰克福杂志》（Neue Gesellschaft/Frankfurter Hefte）上发表文章，公开支持哈贝马斯。他呼吁"将大举扩张的欧盟变为民主决定的经济、货币和社会联盟"。

您的结论如何？

有关辩论的资料来源：

Wolfgang Streek (2013a), Was nun, Europa? Kapitalismus ohne Demokratie oder Demokratie ohne Kapitalismus, in: Blätter für deutsche und internationale Politik, Nr. 4/2013, Berlin, S. 57—68.

延伸阅读：
Thomas Meyer (2013), Die Habermas-Streek-Kontroverse. Zwischenruf, in: Neue Gesellschaft/Frankfurter Hefte, 7—8/2013, Berlin, S.17—20.

Hans-Wolfgang Platzer (2014), Rolling Back or Expanding European Integration?, FES (Hg.), IPA, Berlin.

Jürgen Habermas (2013), Demokratie oder Kapitalismus? Vom Elend der nationalstaatlichen Fragmentierung in einer kapitalistisch integrierten Weltgesellschaft, in: Blätter für deutsche und internationale Politik, Nr. 5/2013, Berlin, S. 59—70.

Wolfgang Streek (2013b), Vom DM-Nationalismus zum Euro-Patriotismus? Eine Replik auf Jürgen Habermas, in: Blätter für deutsche und internationale Politik, Nr. 9/2013, Berlin, S. 75—92.

第三章　今日欧洲：溯源和现状

本章

- 介绍欧洲一体化历史上的重要里程碑；
- 概述其形成过程和动态；
- 阐述各国共同奋斗与保留国家权力之间的不断斗争；
- 展示欧盟如何在关键领域开展工作；
- 从社会民主主义的角度讨论当今欧盟在这些领域存在的问题和不足。

历经半个多世纪的发展，欧洲形成了一个复杂的架构。

我们只有了解其起源，才能理解欧洲架构的许多特点。因此，本章将首先概述欧洲一体化进程的重要阶段。

欧洲历史：快速回顾

> 我们不希望国家结盟，我们希望人民团结。（让·莫内）

欧洲统一的奠基人之一让·莫内（Jean Monnet）用这句话概述了欧洲统一的愿景。在经历两次世界大战的恐怖之后，曾经的仇敌化干戈为玉帛，为欧洲的持久和平奠定了基础。欧洲的统一首先是一项和平工程。

延伸阅读：
Gerhard Brunn
（2008），Kleine
Geschichte der
Europäischen
Union. Von der
Europaidee bis
zur Gegenwart,
Münster.

让·莫内（1888—1979年），法国政治家，是欧洲煤钢联营的共同创始人和"高级机构"的首任主席（1952—1954年）。他与罗伯特·舒曼（Robert Schuman）共同被视为欧洲统一进程的奠基人。

1951年的《巴黎条约》建立了欧洲煤钢联营（即所谓的欧洲煤钢共同体），为维护欧洲和平奠定了基础。六个创始国，即法国、联邦德国、意大利、荷兰、比利时和卢森堡，同意未来共同管理煤炭和钢铁这两个与战争有关的行业。

这种合作的不同寻常之处在于，随着"高级机构"的设立，形成了对六个国家都具有法律约束力的新高层职能机构。由此，上述六个国家自愿将国家主权让渡至新的层级。

欧洲煤钢联营不仅为维持欧洲和平奠定了基础，也为日后的欧洲经济共同体和欧洲共同市场创造了重要条件。

在1957年的《罗马条约》中，上述六个国家就共同市场的四项基本原则达成了共识。根据《罗马条约》，在共同市场内，商品、人员、资金和服务应不受限制地自由流动。[1]

共同市场的四项原则

这四项自由规定产生了深远的影响。因为要实现这一目标，必须建立关税同盟。这意味着，成员国应逐步取消各国之间的贸易壁垒，建立外部关税机制并制定共同的贸易政策。欧洲一体化进程由此形成了自我发展的动力。

这种发展动力受到三个因素的影响。首先，所谓的溢出效应推动了一体化进程，其次，为实现一体化而成立的新机构推动了一体化进程。而民族国家试图重新获得或保持影响力，此举延缓了一体化的进程。

英文"spill over"在此意为"溢出"

---

[1]　参见第三章第二节。

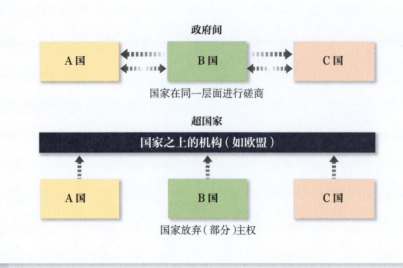

図 3.1　比较"政府间"和"超国家"两个概念

溢出效应

当政治领域的超国家化导致其他领域也出现一体化趋势时，便产生了溢出效应。例如，资本自由流动的基本原则推动了单一货币政策的发展，并最终导致欧元的问世。

《卢森堡妥协案》是民族国家为维护国家主权而进行斗争的典型案例：

延伸阅读：
Martin Große
Hüttmann und
Hans-Georg Wehling
（2013），Das
Europalexikon：
Begriffe. Namen.
Institutionen，Bonn.

> 《卢森堡妥协案》是欧洲经济共同体六个国家于 1966 年发表的声明，宣告了"空椅政策"危机的结束：为了反对实行多数表决制度，法国从 1965 年中开始一直没有参加欧共体部长理事会会议，导致后者无法作出决定。成员国在《卢森堡妥协案》中同意，凡涉及影响成员国关键利益的问题，必须努力在理事会范围内友好协商并寻找解决方案。法国随后返回谈判桌。尽管一些成员国随后几次援引了《卢森堡妥协案》，但近年来无人再依据妥协案提出权利要求。（Das Europalexikon 2013：265，略有改动）

新设机构的重要性

1964 年著名的 Costa/E.N.E.L 判决体现了新设机构（尤其是欧洲法院和欧盟委员会）的重要作用。

在意大利电力公司国有化的争端中，欧洲法院将欧洲法律秩序置于国家法律之上。

随着欧洲的扩大，欧洲一体化程度不断加深。

1973 年欧共体首次扩张，截至 2013 年，其成员国已增加至 28 个。目前尚无法预测还会有多少国家加入其中。最突出但也最具争议的候选国是土耳其。[1]

欧盟扩张：从6个成员国增加至28个成员国

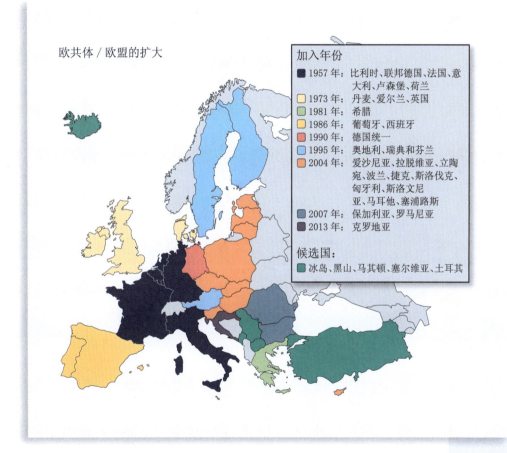

欧共体 / 欧盟的扩大

加入年份：
■ 1957 年：比利时、联邦德国、法国、意大利、卢森堡、荷兰
□ 1973 年：丹麦、爱尔兰、英国
■ 1981 年：希腊
■ 1986 年：葡萄牙、西班牙
■ 1990 年：德国统一
■ 1995 年：奥地利、瑞典和芬兰
■ 2004 年：爱沙尼亚、拉脱维亚、立陶宛、波兰、捷克、斯洛伐克、匈牙利、斯洛文尼亚、马耳他、塞浦路斯
■ 2007 年：保加利亚、罗马尼亚
■ 2013 年：克罗地亚

候选国：
■ 冰岛、黑山、马其顿、塞尔维亚、土耳其

图 3.2　欧共体 / 欧盟的历次扩大

20 世纪 70 年代和 80 年代初期，欧洲一体化进程几乎停滞不前。成员国重返国家战略，以克服 70 年代的经济危机，一体化进程

20 世纪 70 年代："欧洲硬化症"

① 参见第四章第五节。

的停滞显现无遗。欧洲一体化停滞不前的这个历史阶段被称为"欧洲硬化症"阶段。

尽管如此，这段时间里也有重大变化发生：首先是 1979 年的欧洲议会直接选举，同时也将合作领域扩大至其他领域（如外交和环境政策）。

1986 年：《单一欧洲法案》

1986 年通过《单一欧洲法案》后，为欧洲一体化带来了新的发展势头。《单一欧洲法案》为以后的政治一体化及经济和货币联盟铺平了道路。

《单一欧洲法案》（1986 年）：
· 建立单一市场的第一步；
· 增强欧洲议会的重要性；
· 扩大理事会多数表决；
· 将合作扩大至其他政策领域。

1992 年的《马斯特里赫特条约》和 1997 年的《阿姆斯特丹条约》

一方面，随后签订的《马斯特里赫特条约》（1992 年）和《阿姆斯特丹条约》（1997 年）是《单一欧洲法案》颁布后一体化迅速发展的产物。另一方面，上述两项条约也说明 12 个或 15 个成员国达成共识的过程越发艰辛。

《马斯特里赫特条约》（1992 年）：
· 欧盟成立，达成经济和货币联盟协定；
· 引入欧盟公民概念；
· 社会政策议定书；
· 进一步加强议会。

《马斯特里赫特条约》（1992 年）朝着政治联盟迈出了关键一步，规定了欧盟是欧洲共同体、共同外交与安全政策及共同内政和司法

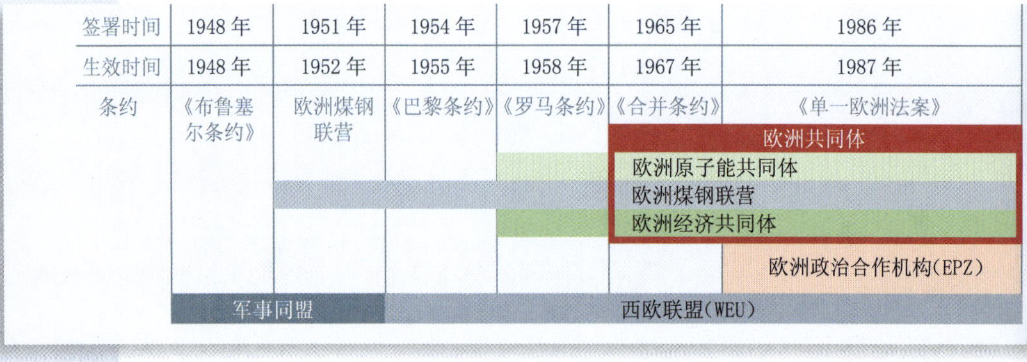

签署时间	1948 年	1951 年	1954 年	1957 年	1965 年	1986 年
生效时间	1948 年	1952 年	1955 年	1958 年	1967 年	1987 年
条约	《布鲁塞尔条约》	欧洲煤钢联营	《巴黎条约》	《罗马条约》	《合并条约》	《单一欧洲法案》

欧洲共同体
欧洲原子能共同体
欧洲煤钢联营
欧洲经济共同体
欧洲政治合作机构（EPZ）
军事同盟
西欧联盟（WEU）

图 3.3 当前实行的欧洲条约

政策的上层组织。

　　欧洲一体化进程涉及越来越多的政策领域，而且在越来越多的情况下采用多数表决制。在此背景下，各国之间关于欧盟未来的不同设想也显露无遗。

图 3.4　欧盟的建立

1992 年	1997 年	2001 年	2007 年
1993 年	1999 年	2003 年	2009 年
《马斯特里赫特条约》	《阿姆斯特丹条约》	《尼斯条约》	《里斯本条约》

欧盟的三大支柱

条约于 2002 年到期　　　　欧共体　　　　欧盟

司法和内政(JI)　　刑事事务中的警务与司法合作(PJZS)

共同外交与安全政策

2010 年条约终止

国家和政府首脑同时意识到，当十个新成员国于2004年加入欧盟时，先前的条约（从1992年的《马斯特里赫特条约》到1997年的《阿姆斯特丹条约》再到2000年的《尼斯条约》）均无法充分保证欧盟长期的行动能力。

为加强民众对欧洲一体化计划的支持，国家和政府首脑在2001年的拉肯会议上决定召开欧洲制宪大会。到2004年，应制定一部欧洲宪法，作为欧盟新条约的基础。制宪大会参与者包括成员国、获准加入的东欧国家和候选国的政府和议会代表及欧洲议会和欧盟委员会的代表。采用制宪大会的工作形式后，欧盟的进一步发展将变得更加民主和透明。欧洲层面和国家层面的人民代表都参与其中，同时社会上也开展了众多的公共论坛活动。

大会的工作成果是制定了《欧盟宪法条约》(VVE)。该条约包含欧盟宪法的重要内容。与其他欧盟条约不同，该条约必须在国内进行全民公决予以通过。一些国家也自愿进行全民公决。18个国家批准了这一条约，但由于法国和荷兰公投否决，该条约最终于2005年流产。

经过艰苦卓绝的努力和改革，欧洲最终签订了《里斯本条约》（又称《改革条约》）。自2009年12月1日起，该条约成为欧盟新的法律条约基础。

- 今后必须公开审议理事会的法律草案；
- 从 2014 年起，对部长理事会的决定实行所谓的双重多数制（多数欧盟国家及多数欧盟人口同意）；
- 在部长理事会中设立欧盟理事会主席一职；
- 建立欧洲外交机构（欧洲对外行动署，简称 EAD）。

欧洲作为一项工程

简要回顾欧洲一体化进程中的重要发展阶段，我们可以清楚地看到，这个欧洲是迄今为止历史上独一无二的工程，该工程（来自拉丁语"proiectum"，即"向前投射"）从一个大陆的历史发展成为面向未来、不断发展的政治任务。欧洲高速发展，其活力远超传统的国际合作形式。欧洲的特殊性和独特性主要基于：

- 独特的传统政府间合作与超国家政治决策的和谐共存（参见 Tömmel 2008）；
- 从最初一个领域的合作迅速扩展到几乎所有政策领域的合作，以及随之而来的欧洲一体化目标的扩展；
- 地理范围上幅员辽阔；
- 其开放灵活的发展是非线性的，不是完全的目标导向。

一项工程需要支持者，需要不断完善的发展理念。为此首先必须了解现状。

第二章剖析了欧洲社会民主政策的五项原则。民主、繁荣、社会平等、可持续性与和平五项原则应作为以下现状盘点和改革建议的基础。

第一节　民主：欧盟的机构设置

欧洲和平工程获得了举世瞩目的成功，这点毋庸置疑，但人们经常在媒体和调查中听到批评的声音：欧盟太官僚、太不民主、太自由、太强大或太孱弱。

……一定程度上是成功的必然结果？

一方面，欧盟饱受批评可视为欧洲一体化进程所取得的成功。这说明，欧洲的和平已深入人心。批评的声音对欧盟提出了更高要求。

> 如果我今天对女儿说："我们需要欧洲，以便不再发生战争。"她可能会看看我说："我从未打算入侵法国。"对于年轻一代而言，和平不再是其对欧洲充满期待的原因。感谢上帝，因为他们确信和平没有受到威胁。（Sigmar Gabriel 2010）

另一方面，对于欧洲的责备似乎指出了欧洲一体化进程中的实际弊端和不足。令人不解的是，尽管欧盟的政治意义越发重要，民主架构有所改善，但欧盟如今的民众支持率似乎低于一体化进程的开始阶段。

欧盟脱离民众？

欧盟与民众之间为何产生了距离？欧盟结构的复杂性可能是原因之一，另一方面则源自欧盟不断发生的变化。

如前一章所述，欧盟在过去 20 年间不断签订各种条约，导致欧盟的体制结构和决策过程不断发生着变化。这使欧洲问题的讨论变得更加举步维艰。

缺乏透明度和民主的批评是否有理呢？让我们首先简要浏览一下欧洲的机构和程序，再来深入讨论这一指责是否中肯。

权力的非典型分配

首先，与国家政治制度相比，欧盟的权力在各个机构之间通常进行非典型的分配（参见 Tömmel 2008）。将欧盟政治机制与我们熟知的国家政治机构进行比较，更便于我们了解现状，理解原委。

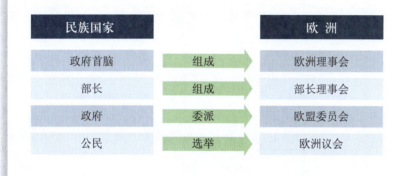

图 3.5 国家机构与欧洲机构之间的关联

在欧盟政治决策过程中发挥关键作用的五大机构是：

欧盟五大机构

- 欧洲理事会；

- 欧盟理事会（亦称部长理事会）；

- 欧盟委员会；

- 欧洲议会；

- 欧洲法院。

欧盟共有七个机构。尽管欧洲审计院在政治决策过程中起着次要作用，但近年来在欧元区危机管理的背景下，欧洲中央银行的重要性有所提高。

欧洲理事会

欧洲理事会是欧洲层面最著名的机构。欧洲理事会由成员国的国家元首和政府首脑、欧盟委员会主席和欧洲理事会主席组成。

欧洲理事会

《里斯本条约》颁布后，才增设了欧洲理事会主席职位。主席由欧洲理事会有效多数选举产生，任期两年半，可以连任一次。其任务包括主持欧洲理事会工作、推动欧盟发展，并为欧洲理事会内部必要的共识建设做出贡献。比利时人赫尔曼·范龙佩（Herman Van

Rompuy）于 2009 年当选为欧洲理事会的首任常务主席。

自《里斯本条约》签订后，欧洲理事会每六个月至少举行两次峰会，受到了媒体的广泛关注。欧洲理事会不直接参与政治决策过程，而是承担更高级别的职能。《欧洲联盟条约》规定：

> 欧洲理事会推动欧盟的发展，并确定总体政治目标和优先事项。欧洲理事会不参与立法。《欧洲联盟条约》第 15 条）

欧洲理事会的任务是制定共同的欧洲政策指导方针，并就影响联盟基本发展的棘手问题在成员国之间进行妥协谈判。例如，欧洲理事会决定条约变更或新国家的加入。

欧洲理事会在确定欧洲政策指导方针方面的职权，相当于联邦总理及其制定指导方针的职能。联邦总理依靠联邦议院的信任，而欧洲理事会则完全独立于欧盟其他机构。

部长理事会、欧盟委员会和欧洲议会共同对欧洲理事会制定的指导方针进行政治设计，然后展开实际的政治决策过程。

欧盟理事会

部长理事会（亦称**欧盟理事会**）由各国的专业领域部长组成。尽管部长理事会是一个整体，但实际上由多个理事会组成，或具有不同的理事会组成形式。这是由于针对不同的专业领域，各国专业领域部长将相应召开会议。例如，在"环境"理事会中，欧盟所有成员国的环境部长汇聚一堂，讨论环境问题。

部长理事会根据欧洲理事会的指导方针，制定具体

> 查尔斯·德·孟德斯鸠（Charles de Montes-quieu，1689—1755 年）的三权分立理论将国家权力分为**立法权、行政权和司法权**。立法机关主要负责法律的协商和通过。行政部门主要负责法律的执行。司法部门在司法判决框架内监督法律的遵守情况。

政策。因此，部长理事会既具有立法职能，又具有行政职能，必须与其他机构（委员会和议会）密切合作。

该理事会是欧盟的中央决策和立法机构，但欧洲议会的权限已逐步扩大，议会可参与立法程序，并且随着《里斯本条约》的颁布，欧洲议会成为几乎享有同等权利的立法机关（见下文）。理事会仅在税收等政策领域可单独决策。

部长理事会代表整个欧盟内部组织的所有成员国。自《里斯本条约》生效以来，部长理事会通常采用有效多数表决机制作出决定，仅在某些特殊情况下才需要全体通过。

自 2014 年 11 月 1 日起，有效多数意味着要达到所谓的双重多数：至少 55% 的欧盟成员国（即 28 个成员国中至少 15 个），至少占欧盟总人口 65%。这意味着，即使违背个别国家意愿，理事会也能作出具有约束力的决定。与传统的政府间谈判思想不同，理事会的决定具有超国家性质。欧盟理事会的特殊性在于其双重身份。一方面，它代表国家利益，另一方面，它是欧盟所有内部组织中的超国家决策和调解机构。

成员国代表

	欧洲				德国		
	欧洲议会	部长理事会	欧洲法院	委员会	政府*	议会	联邦宪法法院
立法职能	X	X		X		X	
行政职能		X		X	X		
司法职能			X				X

*联邦州政府也通过联邦参议院参与立法，因此也具有立法职能。

图 3.6　欧盟和德国的权力分配和交叠

很难将欧盟理事会与德国政治机构进行比较，因为前者同时行使行政和立法职能。在这点上，欧盟理事会的任务类似于联邦政府（行政职能），因为前者负责实施法律行为。欧盟理事会决定法律的通过，因此也承担立法任务，在德国，只有联邦议院和特定情况下的联邦参议院具有立法任务。

部长理事会可能与联邦参议院最相似。在德国两院制中，参议院代表各联邦州。上议院（在德国为联邦议院）相当于欧盟层面的欧洲议会。部长理事会的决定通常采用有效多数表决制，此举推动了欧洲一体化的进程。我们也可以从民主理论的角度批判地看待这一情况。某些时候，民众不得不接受其他国家政府作出的决定，他们对决定内容没有发言权。当理事会多数表决通过的决议未经欧洲议会同意而生效时，这个问题尤其突出，但这种情况很少发生。欧盟理事会的民主合法性具有间接性且有些不足。

延伸阅读：
Ansgar Klein
u.a.（Hg.）(2003)，
Bürgerschaft,
Öffentlichkeit und
Demokratie in
Europa, Opladen.

此外，在《里斯本条约》颁布之前，民众无法获悉其部长如何对理事会的决定进行表决。对于任何不受欢迎的决定，人们均可将责任推到其他人（通常这个人被称为"布鲁塞尔人"）身上，而无需证明自己的立场。通过理事会公开投票，以及让议会发挥更大的作用，这种迄今为止转嫁责任的习惯性做法已受到约束。

但是欧洲也可能失败，因为那些本应了解更多的人，却没有道理地胡乱指责欧盟。……这是谴责游戏（怪罪游戏）：好事皆来自首都，坏事皆来自布鲁塞尔。（Martin Schulz 2013a）

缺乏欧洲层面的公共宣传是一个关键问题。民众若要参与和监督政治决策过程，就须依赖民主的宣传，但欧洲层面恰恰缺乏宣传的力度。

部长理事会需要欧盟委员会提交立法草案，才能够作出决定。

欧盟委员会

与联邦议院或联邦参议院相比，部长理事会无权提出立法倡议。原则上，只有**欧盟委员会**在欧洲层面具有立法倡议权。

欧洲议会和部长理事会均可要求欧盟委员会在一个领域内发起立法倡议。委员会可自行决定是否响应上述请求。

威廉·哈费尔坎普（Wilhelm Haferkamp，1923—1995 年）是德国工会会员和社会民主党政治家。他曾担任德国工会联合会的州级主席，1967 年之前担任德国工会联合会理事会的经济政策部部长。

1967 年，哈费尔坎普成为首位担任欧盟委员会委员的工会人士。直到 1985 年，他一直担任欧盟委员会成员。在担任委员期间，他负责能源政策、经济、财政和预算以及对外关系，自 1970 年起担任欧盟委员会副主席。

自《里斯本条约》签订以来，欧盟委员会有义务响应欧洲公民倡议，就特定问题提交立法提案。为此，欧盟公民必须在一年之内在 1/4 数量的欧盟成员国中收集至少 100 万个有效签名。

凭借这项倡议权，欧盟委员会拥有推进一体化进程的政策控制工具。因此，欧盟委员会通常被称为"一体化的发动机"。

除在所有立法程序中享有专属的倡议权外，欧盟委员会至少在公共政策领域中还具有行政任务。欧盟委员会监督欧洲法律行为的

欧盟委员会

一体化的发动机

"条约守护者"

执行和实施，或监督条约的遵守情况，因此获得"条约守护者"的别名。

委员会还具有代表职能，例如在国际组织（世界贸易组织）等机构中代表欧盟或与第三国缔结贸易协定。但在某些政治领域，欧盟委员会仅具有组织和协调功能。

欧盟委员会目前由 28 名成员组成，包括主席和 27 名委员（每个欧盟成员国一名成员），委员均由各国政府提名。《里斯本条约》（《欧洲联盟条约》第 17 条第 5 款）规定，自 2014 年 11 月 1 日起，委员会成员人数（包括主席和外交与安全政策高级代表）占成员国数量的 2/3。由此，委员会成员通过严格平等的轮换制度选出。然而，根据欧盟国家和政府首脑 2013 年 5 月的决定，委员会的精简工作被无限期推迟。

欧盟委员会内部根据合议原则开展工作，这意味着所有决定都必须共同作出。在欧盟各机构的架构中，欧盟委员会的角色特征既在于其权力扩张，又在于其受制于部长理事会和欧洲议会。

一方面，作为超国家权力机构，欧盟委员会既不依赖于成员国，也不受到欧洲议会的控制。在其立法和行政职能框架内，欧盟委员会有时具有广泛的政治控制能力。

欧盟委员会在欧盟体系运作方式方面具有巨大的知识优势，并拥有广泛的人脉网络。因此，该委员会能够在欧盟体系中发挥综合作用。委员会通常已经在立法计划的制定过程中（例如通过协商）整合了不同的利益，并通过专业知识保证实现其计划（参见 Tömmel 2008）。

另一方面，欧盟委员会原则上需要部长理事会和议会的决议通过。为了实施和执行欧盟的条例和指令，委员会还须依靠成员国政府和行政管理部门。

就其行政职能而言，欧盟委员会与德国联邦政府大致相当。

但欧盟委员会只有间接的民主合法性，因为其成员必须由欧盟成员国政府提名并经欧洲议会批准。2014 年，欧洲议会首次根据欧洲理事会的提议，并综合考虑欧洲选举结果，选举了欧盟委员会主席。

欧洲议会

欧洲议会由在各国组织的欧洲议会选举中产生的欧洲议会党团组成。各国选举产生的议员人数取决于一个国家的人口数。然而，小国在这方面具有优势，因为若按照精确的比例计算，欧洲议会的议员总数将过多。从 2014 年开始，《里斯本条约》规定欧洲议会议员总数为 751 名。

按国家分配的席位数（截至 2014 年 1 月）					
	状态 2014 年 1 月	自 2014 年 欧洲议会 选举		状态 2014 年 1 月	自 2014 年 欧洲议会 选举
比利时	22	21	马耳他	6	
保加利亚	18	17	荷兰	26	
丹麦	13		奥地利	19	18
德国	99	96	波兰	51	
爱沙尼亚	6		葡萄牙	22	21
芬兰	13		罗马尼亚	33	32
法国	74		瑞典	20	
希腊	22	21	斯洛伐克	13	
爱尔兰	12	11	斯洛文尼亚	8	
意大利	73		西班牙	54	
克罗地亚	12	11	捷克	22	21
拉脱维亚	9	8	匈牙利	22	21
立陶宛	12	11	英国	73	
卢森堡	6		塞浦路斯	6	
			总计	766	751

在欧洲议会内部，各成员国当选的欧洲议会议员根据其意识形态组成议会党团。要组成一个议会党团，至少需要来自 1/4 欧盟成员国的 25 名欧洲议会议员。因此，议会党团是跨国的。

可见，议会党团由来自不同国家的议员组成。这意味着欧洲议会党团比国家议会党团的政治信仰更加多样。例如，"社会民主进步联盟"包括法国社会党、英国工党和德国社会民主党人。

尽管国家背景不同，但欧洲议会议员的投票行为舍弃了国家利益，根据各自议会党团的立场进行投票（Noury 2002）。

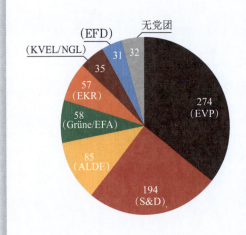

2009—2014年欧洲议会立法会议任期的席位分配

- 无党团 32
- (EFD) 31
- (KVEL/NGL) 35
- 57 (EKR)
- 58 (Grüne/EFA)
- 85 (ALDE)
- 194 (S&D)
- 274 (EVP)

EVP：欧洲人民党，包括德国基民盟和基社盟

S&D：社会民主进步联盟，包括德国社民党

ALDE：欧洲自由和民主联盟，包括德国自民党

Grüne/EFA：绿党党团/自由欧洲联盟，包括德国联盟90/绿党

EKR：欧洲保守和改革党

KVEL/NGL：统一欧洲左翼/北欧绿色左翼联盟，包括德国"左翼党"

EFD：自由和民主欧洲党

来源：www.europarl.europa.eu（2014 年 1 月 28 日）。

图 3.7　欧洲议会的席位分配

唯一直接选举产生的欧盟机构

欧洲议会是唯一由欧盟公民直接选举产生的欧盟机构。在行使公民议会职能方面，最好将之与德国联邦议院，而不是与欧洲的国家议会，即部长理事会或欧盟理事会进行比较。但欧洲议会在欧盟体制框架中的地位与德国联邦议院在德国政治体系中的强势地位并不相同。

长期以来，欧洲议会仅发挥着咨询的功能。直到《马斯特里赫特条约》（1992 年）对相关内容的修订，才逐步扩大了欧洲议会在欧盟立法中的权能。

随着《里斯本条约》的签订，欧洲议会的立法权再次得到扩展，可以参与几乎所有欧盟法律的制定，并决定其生效与否。《里斯本条约》将所谓的共同决策程序提升为普通立法程序，现已将其运用在四十多个领域（如能源政策和移民问题）。这意味着，目前在大多数政策领域，欧洲议会可与部长理事会平等地决定欧盟委员会的立法提案。

通过《里斯本条约》得以提升地位

为了能够在立法程序中面对欧盟理事会实现自身意志，欧洲议会的决定必须获得简单多数或绝对多数的通过。现实情况中，这导致最大的两个党团通常一起表决，甚至必须一起投票表决。

欧洲议会没有执政党和反对党之分。因为欧洲议会不产生欧洲政府。

民主主义的观点认为，公民几乎不关注欧洲政党，这是一个棘手的问题。原因之一显然是，欧洲议会选举由各国组织和举办，公民投票选举其本国政党的代表，这使人们很难意识到被选举的其实是欧洲议会党团。

除立法职能外，欧洲议会还对其他欧盟机构，特别是欧盟委员会具有重要的监督职能。欧洲议会可向欧盟委员会和欧盟理事会提出质询，成立调查委员会，或通过不信任投票的方式迫使整个欧盟委员会辞职。

欧洲议会还有一项重要任务，就是与部长理事会共同通过欧盟预算，并监督预算的支出方式。

欧洲法院

下文旨在介绍欧洲法院。欧洲法院不（直接）参与欧洲立法程序，却在欧洲一体化进程中发挥着核心作用。

欧洲法院以德国宪法法院为范本，是一个与国家利益无关的独立机构。因此，在欧洲政治体系中，欧洲法院是除欧盟委员会之外的第二个纯粹的超国家机构。

作为欧盟的独立司法机构，欧洲法院负责监督欧盟行动的合法性，并确保欧盟法律的统一解释和执行。然而，欧洲法院不能擅自采取行动，而必须有诉讼或请求要求其采取行动。

欧洲法院在欧洲一体化进程中的作用不仅限于法律监督权，它也在不断影响和推动着欧洲一体化进程。

欧盟法律直接效力原则的执行就是一个很好的例子。这意味着，欧洲法律对每个公民均有效，成员国不得干预，且共同体法律 [1] 优先于国家法律。

本着相互认可国家标准的原则，欧洲法院为内部市场计划创造了关键的前提条件。近年来，通过对欧洲条约的解释，欧洲法院也推动了欧洲一体化进程的经济自由化趋势。

根据《里斯本条约》，《欧洲联盟基本权利宪章》对欧盟具有法律约束力。这表示，欧洲法院现在也能更强有力地援引《欧洲联盟基本权利宪章》，并提高基本权利在欧洲一体化过程中的重要性。

欧洲法院为欧洲一体化进程的超国家化做出了重大贡献。民主主义理论的观点认为，欧洲法院的重要作用并非完全无可指责。

一方面，超国家的司法权会导致与最高国家法院产生权限纠纷。

---

[1] 今天，大家或许会提及"联盟法"，因为欧盟在法律上继承了欧洲共同体的衣钵。

在这方面，一国的政治家和法官指责欧洲法院通过判决进行统治（"法官统治"），后者超出了其职权范围（Schmidt/Schünemann 2009：119）。

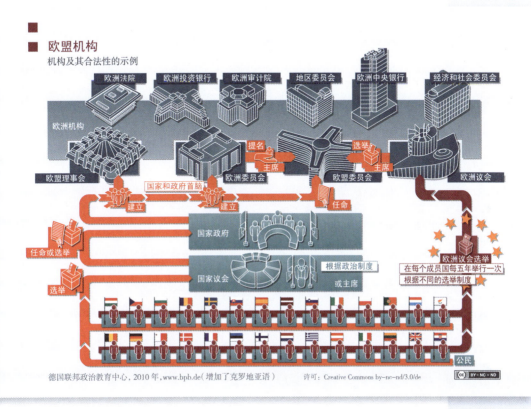

图 3.8 欧盟机构

从整体上看，欧盟是一个复杂的政治体系。在专业文献中，欧盟被描述为"动态多层级体系"（Jachtenfuchs/Kohler-Koch 1996），这个名称源于区域、国家和欧洲层面的紧密交织。此外，该名称也规避了明确定义欧盟的困难。

欧盟的特殊性也可在其历史中溯源，特别是归结于产生影响的各种不同利益。正如我们所见，欧洲一体化进程的特点是行动方行为之间的张力关系。

架构：随着时间发展壮大

一方面，各国政府准备将权力移交给欧洲层面，另一方面，它们不希望新建立的层级变得过于强大，希望始终保持自身的政治影响力。建立超国家架构和维护国家利益推动了这种多层级体系的形成。

自二战结束以来，欧盟的经济和政治实力不断增强，解决其合法性问题至关重要。我们可以发现，机构架构和运作方式导致民主反馈上的缺陷。

这对社会民主主义而言意味着：

当今欧盟的架构仅部分满足第二章中社会民主主义提出的民主要求。这一点尤其清楚地体现在以下几方面：

- 欧洲议会在欧洲体系中相对弱势的地位以及在各国范围内举行的欧洲议会选举；
- 机构的行政职能和立法职能之间的界限有时不甚清楚；
- 欧洲政党不够训练有素；
- 部长理事会和欧盟委员会仅具有间接的合法性；
- 缺乏欧洲公共宣传，并将其作为制衡部长理事会和欧盟委员会的力量。

第二节　繁荣：欧洲内部市场

欧共体的任务是，通过建立共同市场和成员国的经济政策逐步趋同，促进欧共体内经济生活的和谐发展，促进持续稳定的经济增长，提高稳定性，加速提高生活水平，增进欧共体各成员国的亲密关系。（《欧洲经济共同体条约》1957：第2条）

促进繁荣是建立欧洲经济共同体（1957年）的主要动机。在1954年建立欧洲防务共同体失败之后，经济因素成为之后几十年推动欧洲统一的主要动力。

欧洲经济共同体的目标（1957年）：促进繁荣

共同市场的设立无疑是一项宏伟的目标。商品、人员、资金和服务：在所有上述领域，欧共体创始国法国、意大利、联邦德国和荷比卢经济联盟国家之间都存在关税等贸易壁垒。

关税同盟、自由贸易区和商品内部市场

消极一体化：

关税同盟是废除现行国家法规以促进欧洲共同解决方案的主要例证。此举**废除**不同的国家法规，转而实行统一的欧洲法规，所以这种形式的欧洲一体化也被称为**消极一体化**。这种一体化形式是欧盟经济统一进程的典型特征（参见 Scharpf 1999）。[①]

第一步：关税同盟

当时，关税同盟也是六个欧洲国家迈向共同市场的第一步。从 1959 年开始，六国首先分步降低关税，并相互调整。1968 年，关税同盟终于成立：同盟国家彼此之间不再征收关税，并且同意对外来（来自非成员国）商品征收统一关税。1973 年，英国、爱尔兰和丹麦也加入了共同市场。

尽管共同市场已经建立，但各国之间实际在产品准入、认证、规范和标准方面仍存在很多法律和技术差异。理事会通过条约需要全票通过，为此很难调整相应的法律规定。

1986 年所通过的《单一欧洲法案》不再谈及共同市场的问题。从现在开始，欧洲致力于建设内部市场。为了实现内部市场，该法采取有效多数表决制的情况大大增加。这样一来，单个国家不可能再进行阻挠。

---

① 有关积极一体化的信息，请参见第三章第三节。

1992 年，内部市场宣告建成。到目前为止，尽管商品和产品法规仍然不同，但成员国已经采用大部分欧盟标准，欧盟标准在欧洲范围内均有效。

单一货币

共同市场的想法实际推动了单一货币的实行。但货币同时也是国家身份的有力象征和国家经济政策的重要手段，因此放弃本国货币需要特殊的推动力量。20 世纪 60 年代末至 70 年代初，世界货币体系陷入危机，随着

> **布雷顿森林体系**：1944 年，在美国疗养胜地布雷顿森林召开的会议决定了战后的国际金融架构。该架构的核心是国际货币体系，通过与美元挂钩控制汇率波动。国际货币基金组织（IMF）和世界银行分别作为国际贷款和金融市场监管机构而成立。布雷顿森林体系一直存续至 1973 年。后因货币市场发生动荡，人们不得不放弃与美元挂钩的汇率制度。

1973 年布雷顿森林体系的崩溃，此危机达到顶峰。

汇率剧烈波动。这加剧了贸易困难，危及经济稳定。此时出现了成立欧洲货币蛇形浮动体系（官方名为"欧洲汇率协会"）的构想。

据此，一国货币与美元之间的汇率围绕着商定的指导汇率在一定范围内波动。由于各国之间的巨大差异和美元的急剧贬值，这个于 1972 年生效的体系难以为继。尽管如此，货币蛇形浮动体系的欧洲成员国还是决定至少将货币之间的波动限制在窄幅的范围区间之内。

1979 年，在上述体系的基础上，欧洲建立欧洲货币体系（EMS），将其作为后继模式。时任联邦总理赫尔穆特·施密特（Helmut Schmidt）、法国总统瓦莱里·吉斯卡尔·德斯坦（Valéry Giscard d'Estaing）和欧盟委员会主席罗伊·詹金斯（Roy Jenkins）推动了欧洲货币体系的建立。

当时的欧洲货币体系已经推出了一种单一货币：欧洲货币单位（ECU）。但它只是纯粹的记账货币和结算单位，当时并没有发行硬

币或纸币。①

这个货币一直存在，直至 1999 年 1 月 1 日推出欧元。欧元起初
也只是记账货币。1988 年，欧盟委员会主席雅克·德洛尔主持起草了所谓的《德洛尔报告》，其中就分三个阶段成立欧洲经济和货币联盟达成共识，第三阶段是推出现金。最终，2002 年 1 月 1 日欧元货币现金问世。

1999 年：推出欧元

雅克·德洛尔（Jacques Delors）（1925年生）是法国社会党（Parti Socialiste）政治家，1979 年至 1981 年，在第一届直接选举的欧洲议会中代表法国社会党。1981 年至1984 年，德洛尔担任法国经济和财政部长。

德洛尔于 1985 年成为欧盟委员会主席。在其任职期间，欧洲采取了重要的改革措施，包括于 1987 年生效的《单一欧洲法案》。以其名字命名的《德洛尔报告》（1989 年）提出了分三个阶段实现经济和货币联盟的设想。

自 1999 年起，欧洲中央银行控制货币政策。为了确保货币的稳定性，货币联盟的所有成员都必须遵守《马斯特里赫特条约》标准。

这意味着，年度预算赤字不得超过国内生产总值（BIP）的 3%，债务总额不得超过国内生产总值的 60%。

《稳定与增长公约》于 1997 年获得通过，尽管一些社会民主党，尤其是法国社会党和德国社会民主党认为该条约过于僵化，并要求以经济政策协调（或经济政府）方式提高其灵活性。2005 年基于某些情况，对《稳定与增长公约》进行了改革。特殊情况下，即使违反了《马斯特里赫特条约》标准，通常也不会启动赤字程序，例如，在经济衰退期较长或增长率低的时期，若教育和研究或相关社会制度改革方面有特别支出需求时。除年度预算赤字外，现在还将重点考虑"无周期性影响的年度结构赤字"。与正常赤字相反，此值考察赤字是否由于经济繁荣或衰退而暂时显著增加或大幅降低。

《稳定与增长公约》

① 有一些特别铸造的欧洲货币单位硬币，但这些硬币不能用于正式支付。

欧元区国家规定，该赤字不应超过国内生产总值的 0.5% 这一上限。

自 2010 年以来，在所谓的欧元危机中，《稳定与增长公约》多次得以加强和扩大，目前已经制定减少国家债务的详细规则。如果不存在有效多数的投票反对，则视作理事会已经决定对成员国启动赤字程序和进行财务制裁。新近还推出了宏观经济失衡预警系统。这里的"失衡"指的是国家之间的失衡，例如，当国家的出口额大幅高于其进口额时，就会发生这

> 欧洲学期是发生在每年上半年的一个流程，欧洲各国根据精确的模式和周期在某些领域相互协调。成员国必须在国家议会通过预算之前，将预算草案呈交欧盟委员会进行审查。

> 债务刹车是国家（通常是宪法规定的）实现某些节约目标的自我约束。支持者将其视为长期减少国债的有力工具。批评者担心，如果只考虑支出而不寻求更高的收入，债务刹车将忽略对未来至关重要的投资，如教育和基础设施方面的投资。

种情况，反之亦然。《稳定与增长公约》已被纳入欧洲学期。欧元区成员国还签署了另一项协定，即《财政契约》，就实行国家债务刹车达成了具有约束力的协议。

人员的自由流动

《申根协定》

《申根协定》的经济政策目标是实现劳动力的自由流动。很多人对自 2006 年 3 月 26 日起取消针对度假旅行的边境检查记忆犹新。

1985 年 6 月 14 日，当时十个欧共体成员国中的五个成员国（德国、法国、比利时、荷兰和卢森堡）在卢森堡申根市附近签订了所谓的《申根协定》。1990 年，协议国制定了取消人员检查的详细规则；自 1997 年以来，已根据《阿姆斯特丹条约》将此条约纳入了欧盟法律。

随着 2009 年《欧盟基本权利宪章》的生效，迁徙和居住自由权

现已成为欧洲的一项基本权利。

在劳动力自由流动的基础上，每位欧盟公民都获得了在共同体所有国家工作的权利：或临时提供服务（请参阅章节《服务流动的自由》），或通过在另一个国家拥有固定的雇主或新的居住地而永久性地从事工作。

劳动力自由流动

这里实际上存在一个问题，即这些国家的培训法规、标准和文凭其实千差万别。自 20 世纪 80 年代末以来，欧盟成员国越来越多地互认培训证书。各项社会保障权利（例如养老金）虽然可以转移，但这方面的规定纷繁复杂。尽管在欧盟中拥有迁徙自由的基本权利，但劳动力的流动性相对较低。

欧盟东扩之后，许多欧盟国家对新成员国劳动力的大量涌入不无担忧。人们担心他们会接受低薪工作，从而导致当地雇员失业。"波兰水管工"不仅在德国，也在法国和英国成为上述担忧的象征。

对"波兰水管工"的恐惧

出于上述原因，欧盟推出一项法规：老欧盟成员国可以在最长七年的过渡期内保护其劳动力市场免受新成员国雇员的冲击。

德国和奥地利已在所有行业实行该法规。在丹麦、比利时、法国、荷兰和卢森堡，该法规仅适用于某些行业，这些国家同时也充分使用了过渡期规则。所有其他欧盟国家均未实行任何限制。对于 2004 年加入欧盟的 10 个国家，2011 年起劳动力可以完全自由流动。自 2014 年起，这个原则还适用于 2007 年加入欧盟的保加利亚和罗马尼亚。

服务流动的自由

在雇员自由流动的过程中，存在培训证书和要求不同的问题。如果仅在其他欧洲国家临时提供服务，这一问题则将更为突出：适用何种劳资协议和最低工资？遵守哪种休息制度？拥有哪些休假权利？必须采用哪些健康和安全标准？是否应遵守服务提供商所在国家／地区的规定（即所谓的原籍国原则），还是应该遵守服务对象国

提供服务的自由

家（即目的地国家）的规定？

长期以来适用的规则是目的地国原则。但在 2004 年，欧盟委员会试图通过《波克斯坦指令》将适用规则改为原籍国原则。尤其在工资相对较高、社会水平较高的国家，人们担心服务业的竞争会急剧增加。根据不同的界定方法，竞争最高可涉及 70% 的服务业雇员。2006 年 12 月生效的《欧盟服务业指令》再次放弃了原籍国原则。

资本流动的自由

共同市场构想包括欧盟内部商品、服务和劳动力及资本的自由流动。除货币交易（例如转账）外，还包括收购土地、公司和股份。资本应流向最具生产力的地方。

1988 年，欧盟颁布指令，实现了资本的自由流动。税法规定并不包括在内。①

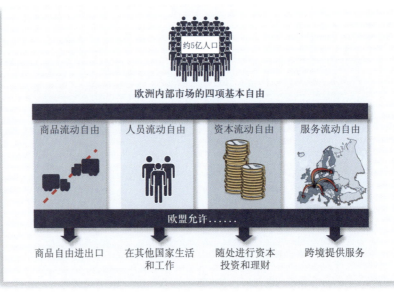

图 3.9 欧洲内部市场的四项基本自由

---

① 在匈牙利、捷克、斯洛伐克、拉脱维亚、立陶宛和爱沙尼亚，农业和林地的购置过渡期至 2011 年，在波兰的过渡期至 2016 年。

内部市场的问题和不足

欧洲内部市场的上述四项自由属于基本权利，它们和单一货币一样，在很多领域无疑促进了经济繁荣。上述四项自由使欧盟公民更加团结，并在某些领域实现了自由。内部市场的建立也存在一些迄今为止仍未解决的问题。

例如，提供服务自由造成了数起纠纷并诉诸欧洲法院。举个例子：瑞典瓦克斯霍尔姆市（Vaxholm）计划建造一所学校。拉脱维亚公司拉瓦尔（Laval）获得了这个订单，并向瑞典的一家子公司派遣了员工。

瑞典建筑工人工会希望确保按照当地劳资协议向瑞典的拉脱维亚员工支付报酬，并采取了劳动斗争的相应行动。拉瓦尔公司认为这些行动非法并提出起诉，因为欧盟条约保障了提供服务的自由。对拉瓦尔公司有吸引力的恰恰是公司不必遵守瑞典的高工资和工作规定。

欧洲法院在 2007 年 12 月 18 日的判决中裁定，罢工行动不可接受，且不得强迫外国公司缔结或承认劳资协议。这将违背提供服务的自由，可能会违背国家的社会政策和劳动法规定。社会民主主义认为，经济政策的优先权高于社会领域的这种做法不甚恰当。欧洲法院在维京、鲁弗特和卢森堡案中也作出了类似判决。这些判决引发了关于欧洲内部市场自由与国家劳动和社会立法立场的持续讨论。

经济和货币联盟的问题和不足

在单一货币背景下，个别成员国的特定发展最终也造成了问题。货币联盟中的单个欧元国家已经失去货币贬值的手段。这意味着，国家间上演着工资和区位政策方面的竞争。德国通过签订低工资协议，相对于其他欧洲国家提高了自身的竞争力。但德国的生产力提高意味着其他欧洲国家的生产减少。

拉瓦尔公司案

延伸阅读：
Sebastian Dullien（2010），Ungleichgewichte im Euro-Raum，akuter Handlungsbedarf auch für Deutschland，FES（Hg.），WISO Diskurs，Bonn.

Bundeszentrale für politische Bildung（2012），Europäische Union，Informationen zur politischen Bildung，Heft 279，Bonn，S.16—32.

Klaus Busch（2012），Scheitert der Euro?：Strukturprobleme und Politikversagen bringen Europa an den Abgrund，FES（Hg.），IPA，Berlin.

欧元危机源自 2007 年的银行危机。美国雷曼兄弟（Lehman Brothers）破产后，政界人士坚信，对大型银行进行金融"救助"是比任其破产更佳的途径，否则将对实体经济造成致命打击。由于只能通过纳税人的钱开展"救助"，银行的财务问题从而转变为国家问题。国家债务率呈现爆炸式增长。

基民盟 / 基社盟和自民党组成的德国黑黄联邦政府犹豫良久后，欧盟终于批准了 1 100 亿欧元的救助方案。同时，葡萄牙和西班牙国债在金融市场上承受的压力也不断增加。与其经济实力相比，上述国家的债务增长幅度过大，导致国际债权人要求更高的贷款利率，以此形式加强担保。债权人不再相信上述国家能按时或全额还款。

再融资危机越演越烈，身处危机的国家获得贷款的机会愈发困难，导致欧盟推出了新的工具以缓解上述危机。2010 年 5 月，欧洲金融稳定基金（EFSF）建立了临时救援机制。欧洲永久稳定机制（ESM）于 2012 年秋季生效。欧元区国家为其提供了高达 7 000 亿欧元的贷款担保。

希腊、爱尔兰和葡萄牙通过第一个机制获得了约 2 000 亿欧元的援助贷款。作为回报，上述国家必须承诺实施由欧盟委员会、欧洲中央银行和国际货币基金组织代表组成的"三驾马车"制定的财务和经济政策措施。迄今为止，西班牙和塞浦路斯是受益于第二种机制的两大国家。它们也必须满足严格的附带要求。与上述要求相关的节约政策源自拉丁语"austeritas"一词，即德语"严格"一词，因此也被人们称为"紧缩政策"。

危机国家实施紧缩政策，导致工资和社会福利削减高达 20 个百分点。这导致消费大幅下降，进而造成了严重的经济危机和失业人数激增。劳资协议的瓦解、解雇保护的取消及许多国有企业的私有化进一步损害了经济增长。截至 2013 年，希腊和西班牙 15—24 岁年轻人的失业率已超过 50%。

事实证明，希望危机国家在短期内恢复自行贷款，这种想法不切实际。实际上，"内需不足造成经济发展不佳并导致税收不足"，紧缩政策首先导致了国债的增加。

因此，欧盟 2011 年专门针对希腊制定了其他措施。希腊最终与大多数私人债权人达成债务减免协议。投资者必须放弃 50% 以上的希腊贷款资本。

这项债务减免，加上持续的、似乎无法克服的危机，引起人们对危机可能波及其他国家的担忧。也就是说，在希腊的资本损失也使金融投资者对其他国家的信誉产生了信任危机，这无疑加剧了危机。欧洲中央银行随后以非常优惠的条件向欧洲银行提供了几笔贷款。前者最终于 2012 年秋季宣布从债权人手中无限制购买危机国家的政府债券。欧洲中央银行行长马里奥·德拉吉（Mario Draghi）希望防止因一个国家无序违约以及可预见的多米诺效应而造成欧元区的崩溃。

该措施实施后，欧元区得以保留。但是，危机管理也带来了巨大的副作用。一方面，银行或国家破产导致连锁反应的风险依然存在，一方未偿还的债务将导致另一方的资产损失。另一方面，许多欧元国家仍然存在严重的经济危机。希腊、爱尔兰、葡萄牙、西班牙、塞浦路斯和意大利的贫困风险持续增加。社会抗议活动和政治动荡不断加剧。

实施救助计划的同时，人们开始就建立欧洲经济政府进行谈判，法国已于1996年提出这项倡议，但受到德国政府的批评（请参阅第四章第二节）。在欧元区实行更具约束力的经济政策协调，引进新的统一工具和机制，该提议在各国引发争议。截至目前，进展最大的计划是成立欧洲银行业联盟，联盟将在欧洲中央银行的领导下连同单一监管机构于2014年启动。

金融市场缺乏监管是造成这场危机的主要根源。在危机的前几年，建立这类监管机构并对金融市场加重税费的尝试已被提上日程，但结果徒劳无功。

欧盟各国首脑至少在2010年6月就合并银行缴费和金融部门税收达成了共识。但因英国投了反对票，加强监管计划宣告流产。2012年，欧盟十一国决定小范围实施共同制定的金融交易税，以免因其他成员国抵制而停滞不前。

延伸阅读：
FES（Hg.）(2013),
Zukunftsszenarien
für die Eurozone:
15 Perspektiven zur
Eurokrise, IPA,
Berlin.

Cerstin Gammelin
und Raimund Löw
(2014), Europas
Strippenzieher.
Wer in Brüssel
wirklich regiert,
Berlin.

欧元区的共同货币政策只能部分消除成员国的经济失衡：欧洲中央银行设定的基准利率对于某些国家而言过高，而对另一些国家而言则过低。最终，危机国家普遍较低的利率导致信贷融资的需求激增。在2007年开始的全球金融危机中，这一现象被证明只是投机泡沫。虽然《稳定与增长公约》限制了各国的支出计划，但个人和企业仍旧债台高筑。当投机泡沫破裂时，银行变得不堪重负。为防止欧洲范围内的违约及其恶劣后果，其债务由各国接管。

欧元区国家之间缺乏经济政策协调会威胁到欧洲的内部团结，并可能对某个国家造成重大经济和预算问题。除人为原因（结构性缺陷、高税务犯罪、浪费公共资金、腐败）外，这也是导致希腊和其他欧元区国家陷入当前危机的根源（参见第四章第二节）。

缺乏协调

虽然单一货币和四项自由体现了欧盟取得的伟大成就，但某些设计和诠释有时也会遭遇严重的问题。因此，纠正消极一体化强于积极一体化的问题，这是未来几年欧盟面临的主要挑战之一。

这对社会民主主义而言意味着：

- 回顾对欧洲繁荣水平提出的三项要求，我们可以清楚地看到，在过去几十年中，欧洲一体化为繁荣与增长做出了重要贡献；

- 但是，尤其是过去的几年发展明确显示，欧盟至少在一定程度上过于追求增长目标本身，很少有人会扪心自问，此举是否真正提高了民众的生活质量；

- 未来必须让经济一体化和经济增长更多地服务于大众，并追求高质量的增长。

第三节　社会平等：欧洲的社会政策

通过积极一体化平衡消极（经济）一体化的要求和尝试始终存在。但在社会福利问题上达成共识却变得越发举步维艰。社会福利领域的发展道阻且长，至今尚未完成。

欧洲内部市场和国家社会政策

长期以来，社会福利只是附属品

《罗马条约》（1957 年）在法律上规定了四项基本自由（见上文）的实施及经济一体化的基础。该条约并未凸显欧洲社会政策的自身价值。长期以来，社会政策仅被视为经济政策的附属品。

共同体创始国对社会政策有所保留主要是因为社会政策对合法性和形象树立发挥着重要作用。社会政策通常被视为民族国家的职权范围。

> **积极一体化：**
> 　　与仅仅旨在消除贸易限制的**消极一体化**相反，积极一体化意指导致建立新政策领域和机构的措施和决定。劳动法中的共同体规定便是欧洲层面**积极一体化**的典范（参见 Scharpf 1999）。①

---

① 关于消极一体化的更多内容，请参见第三章第二节。

民族国家与福利国家融为一体的构想可以追溯到市场仍受国界限制的时代。努力消除社会不平等是国家政策的核心。随着经济一体化的发展，成员国意识到，除国家社会政策外，还需要在欧洲层面对内部市场计划提供社会福利政策上的支持。毕竟欧洲市场也像其他任何市场一样，造成了社会不平等（Schünemann/Schmidt 2009：274f.）。

但是，欧洲社会福利政策的进展缓慢，因为成员国之间就社会政策问题难以达成共识。这主要是由于在《单一欧洲法案》（1986年）通过之前，所有社会政策问题均需获得一致通过。

各种福利国家模式五花八门，让达成共识难上加难。随着欧盟每一轮的扩大，福利国家模式的数量也不断增加。社会政策传统和制度结构（所谓的路径依赖）不同，成员国之间的利益差异也不断加剧。除了国家路径依赖之外，一个国家自身的政治多数分布情况对于决定是否批准社会政策领域的一体化进程也具有决定性的作用。

反对歧视

欧洲社会政策层面最早采取行动的领域是争取职场上的男女平等。1972年，欧洲理事会要求欧盟委员会制定一项社会福利政策领域的行动计划，并在随后的几年中通过了若干平等待遇的指令。

早期争取平等的举措

2000年平等待遇框架指令反映了欧洲层面反歧视斗争的激烈程度。基于这一指令，德国推出了《一般平等待遇法》。

劳动法

在劳动法中设定最低标准是欧洲社会政策的第二大行动领域。社会政策事务普遍适用一致通过原则。随着《单一欧洲法案》（1986年）的推出，针对某些领域也可以采取多数通过的表决机制。对工

设定最低标准

作环境概念的广泛解释（第 118a 条）催生了有关生育保护、青少年劳动保护和工作时间的欧洲指令。欧洲法院拒绝了英国对条约相应解释的申诉。

1992 年，在马斯特里赫特签订的《欧洲联盟条约》反映了欧洲社会政策方面质的飞跃。这项条约签订后，欧洲层面承担了制定大部分劳动法（工作条件、免遭解雇、员工教育、参与公司决定）及社会保障各个部分的职责。

20 世纪 90 年代，欧盟在新创建的法规基础上颁布了多项指令，其中包括《欧洲企业职工委员会指令》（1994 年）和《劳务派遣指令》（1996 年）。明确排除在共同体权能之外的内容包括结社权和罢工权、工资问题和停工权等。

在《马斯特里赫特条约》中，社会对话也被视为欧洲社会福利政策的工具。此举可帮助欧洲工人和雇主协会的顶层组织进行集体劳动合同谈判。随后，理事会可将这些集体劳动合同转化为具有普遍约束力的法律行为。

> 社会对话一词在欧盟一方面是指欧洲雇主组织与工会组织之间的双边对话，另一方面是指这些社会伙伴与欧盟机构之间的三方对话［欧洲联盟运行条约（AEUV）第 152 条］。磋商机制主要通过欧洲经济和社会委员会及欧洲社会峰会的平台……社会伙伴也可以签订框架协议。理事会根据欧盟委员会的提议，决定将框架协议作为法律行为予以执行。（Das Europalexikon 2013：343，略有删节）

以这种方式产生的第一个指令是 1996 年的《育儿假指令》。其中规定，法定育儿假不得少于三个月。在社会对话的基础上通过的一项最新指令是 2008 年的《借工指令》。该法令规定，针对租借的员工，其劳动和雇佣条件必须与公司直接雇佣的雇员保持一致。

《马斯特里赫特条约》对欧洲社会政策的重新定义只不过取得了战术上的成功。尽管德国、意大利、法国，比利时和丹麦明确主张通过有效多数表决，为经济和货币联盟提供社会支持，但此举遭到英国的断然拒绝。最终各国一致同意，在《条约》另附的《社会政策议定书》中就上述新的举措做出规定。

上述规定仅对协议的签署方具有约束力，不适用于英国。尽管如此，成员国仍能将《欧洲联盟条约》的机构和工具用于社会福利政策领域。

直到 1997 年英国政府换届，托尼·布莱尔（Tony Blair）当选为英国政府首脑后，英国才接受了新的《阿姆斯特丹条约》（也是1997 年）的《社会政策议定书》。

欧洲的基本权利保护

欧共体及后来的欧盟在较早阶段已经致力于保护基本权利。第一份重要文件是 1989 年的《劳工基本社会权利宪章》（简称《社会宪章》）。

1989 年的《社会宪章》

虽然《社会宪章》未制定任何有约束力的规范，但在欧洲内部市场计划的社会政策支持方面，仍可视为重要信号和基准。

通过签署《社会宪章》，成员国表示将在国家层面或共同体层面致力于实现基本社会权利。因此，这也是一项道德承诺。英国直到1998 年才接受了《社会宪章》。

《社会宪章》的部分内容已被纳入 2000 年的《欧洲联盟基本权利宪章》（简称《基本权利宪章》）。直到《里斯本条约》签订（2009年 12 月 1 日），《社会宪章》才具有了法律约束力。①

2000 年的《基本权利宪章》

宪章在六个章节（尊严、自由、平等、团结、公民权利、司法权利）中规定了主要的人权和公民权利及政治、经济和社会权利。宪章明确表达了欧盟的价值取向。

尽管它赋予了所有人一项法律权利，但其效力十分有限，仅适

① 英国、波兰和捷克不受该宪章约束。

用于遵守辅助性原则的欧盟组织和机构。

这意味着，公民无法直接在欧洲法院主张其基本权利，此类案件仍由国家法院负责审理。反之，欧洲法院可在其司法判决中援引宪章。

就业和社会保障

1997年的《阿姆斯特丹条约》进行了另一项重要的社会政策创新，其中增加了新的就业章节。

将欧盟合作扩大到就业领域便是一个范例，这说明成员国认为欧洲范围的合作比各国单打独斗的措施更加有效。

20世纪90年代中后期，欧洲的失业率不断攀升，成为欧盟面临的重大挑战之一。但成员国仍希望保留自身在劳动力市场政策方面的职权。

一种新的工具：
开放协调法

在此困境中，出现了一种新的欧洲合作形式：开放协调法（OMK）。开放协调法是欧盟一个新的政策工具。该方法最初仅适用于就业领域。

成员国采用这一方法制定了共同的目标和指导原则，并在本国范围内积极推广。欧盟委员会负责评估和协调国家改革措施。在例行会议上，各国交流成功的改革措施和交换信息，相互学习。

与超国家立法相反，开放协调法是一种软性调控形式，不允许成员国制裁任何违规行为，但能通过所谓的委员会进度报告及各成员国的改革举措比较来施加道德压力。

随后的几年中，开放协调法被推广到了其他的政策领域。目前，此方法已被应用于社会保障体系的现代化改革、摆脱贫困和社会排斥以及养老和健康政策领域。

由于开放协调法具有自愿性和非约束性的特点，因此在推动成员国就高度敏感的政策领域尝试开展合作方面具有优势。然而，由于开放协调法没有约束力，也就无法保证国家改革方案的实际执行。

就业和社会政策协调目前主要在"欧洲 2020"战略的框架内进行（请参阅第四章第二节）。其首要目标包括提高就业率和降低贫困风险。

欧洲社会基金 / 欧洲全球化基金 / 年轻人就业计划

欧洲社会政策的其他工具包括欧洲社会基金（EFS）和相对较新的欧洲全球化基金（EGF）。与上文的"调节性"社会政策相反，这两个基金推出的是财政扶持计划。

1957 年的《欧洲经济共同体条约》就已经设立欧洲社会基金。该基金扶持各成员国的就业措施，增强社会内聚力，即社会凝聚力。

基金扶持失业人员的培训和进修或促进工人流动等措施。经济薄弱的地区也可以申请基金资助。

2006 年，欧洲全球化基金设置了补充金融工具，每年投入约 5 亿欧元，用于迅速限制和弥补全球化的负面影响。例如，可利用该项资金帮助因全球化（例如由于企业生产基地转移）而失业的人员重返社会。

德国于 2007 年首次向欧盟提出欧洲全球化基金申请，涉及对象为受明基公司（BenQ）破产影响的员工。欧盟从该基金中拿出了总计约 1 270 万欧元。

2013 年，欧洲范围针对年轻人的就业倡议计划获得决议通过。这是对许多深受危机影响的欧洲国家年轻人失业率居高不下作出的反应。欧盟已从其他欧盟预算中调拨 60 亿欧元，用于资助欧盟受影响最严重的地区实施行动计划。上述资金旨在帮助年轻人实现就业。

延伸阅读：
Sonja Blum
u. a.（2010），
Politisch limitierter
Pluralismus：die
Wohlfahrtssysteme
der 27
Mitgliedsländer der
Europäischen Union，
FES（Hg.），IPA，
Berlin.

Andrej Stuchlík
（2008），Europa
auf dem Weg zur
sozialen Union？
Die Sozialagenda
der EU im Kontext
europäischer
Sozialstaatlichkeit，
FES（Hg.），IPA，
Berlin.

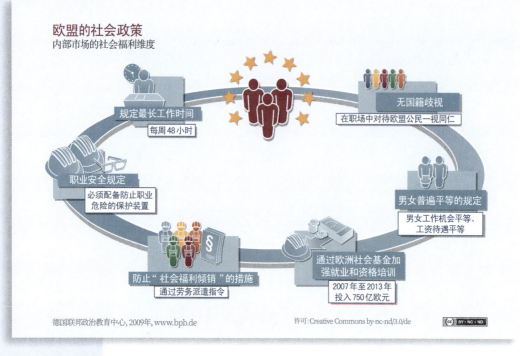

图 3.10　欧盟的社会政策

欧盟社会福利政策的不足

社会政策：仍以国家政策为主

　　尽管在欧洲层面推出了大量社会政策措施，但与欧洲的经济实力相比，欧盟的社会政策权限仍然有限。迄今为止，欧洲的社会政策显然主要服务于内部市场。

　　就业政策措施的高度重要性和对员工权利的高度关注就是证明。在其他社会政策领域（社会保障、养老和卫生），欧盟仅具有协调功能。

　　如今的欧盟并非传统意义上的国家，如同国家层面一样建立欧洲福利国家的呼声已不复存在。欧盟国家之间在经济和社会政策上的巨大差异常常使积极一体化的计划无法实现。社会政策很大程度上仍属于国家职能。

这里存在问题。以四项市场自由形式出现的消极一体化导致工资成本、社会制度和社会标准及企业税收等方面的竞争不断加剧。此外，《马斯特里赫特条约》的趋同标准缩小了国家财政政策的行动空间。在欧元危机的背景下，因《稳定与增长公约》和《财政契约》的改革，对成员国预算及其中央监管的监督有所增强。欧洲层面的社会政策平衡机制尚未建立。

这是否意味着特别发达的福利国家将无法维持其高标准呢？这是一个悬而未决的问题。该问题的回答取决于社会福利政策的未来发展，并在很大程度上取决于政治决策和多数意见。

延伸阅读：
Klaus Busch
u. a.（2012），
Eurokrise，
Austeritätspolitik
und das Europäische
Sozialmodell: wie
die Krisenpolitik
in Südeuropa die
soziale Dimension
der EU bedroht，FES
（Hg.），IPA，Berlin.

SPE-Website zur
Jugendbeschäfti-
gungsgarantie
► www.youth-
garantee.eu

延伸思考

尽管欧盟已经在劳动法或基本权利保护等一些社会政策领域发挥了积极作用，但社会政策责任的核心领域（例如失业和养老保险、社会救济、儿童津贴或医疗保险）仍属于各个民族国家的职权范围。

任务：您认为，哪些社会政策职责应继续在国家范围内履行，哪些可以在欧洲层面得到更好的发展？应在国家层面还是在欧洲层面寻求上述领域的解决方案？原因是什么？

概览：欧盟的社会政策工具

工　具	内容？	效果？
指　令	• 劳动法指令 • 反歧视指令	• 立法：指令须转化为各国法律
协　调	• 协调失业、医疗和养老保险等社会保障体系 • 在《里斯本条约》、欧洲就业战略或"欧洲2020"战略中采用开放协调法	• 成员国没有统一的法律标准，但保障欧盟公民的人员自由不受侵害 • 成员国自行承诺努力推行改革，通过比较国家最佳实践，互相学习，没有立法

工 具	内容？	效果？
资金支持	• 欧洲社会基金，积极帮助失业人士重返社会 • 欧洲全球化基金，以缓解全球化的影响（例如企业生产基地转移） • 年轻人就业计划，以缓解受影响最严重地区的年轻人失业问题	• 国家之间的再分配

这对社会民主主义而言意味着：

• 回顾第二章中针对欧洲提出的要求，欧洲显然仍亟待在"社会平等"方面采取行动；

• 截至目前，社会联盟仍未获得与经济和货币联盟一样的平等地位，仍不是欧洲统一的组成部分，一套对欧洲社会平等具有约束力的统一标准仍处于萌芽阶段；

• 从社会民主主义的角度而言，加强社会福利仍然是欧洲未来改革工作的核心领域。

第四节　可持续发展：从环境法到可持续发展

欧盟很早便致力于此

　　早在 20 世纪 70 年代，当环境问题成为公开讨论的主题时，欧洲层面便制定了第一个环境行动计划，针对空气和水污染、废料处理和自然保护领域，制定了一系列与共同市场建设相关的指令。欧盟很早便设立了自己的生态目标。基于上述目标，第一份环境政策指令涉及危险物质的分类、包装和标识（1967 年），随后又颁布了规范汽车尾气污染（1970 年）、保护鸟类及其栖息地（1979 年）的指令。欧盟以"Natura 2000"为基础，建立了欧洲范围内的自然保护区网络，覆盖欧盟 26 000 多个地区。

1986 年，《单一欧洲法案》确定了四项环境政策目标：[①]

《单一欧洲法案》
（1986 年）的目标

1. 保留和保护环境并改善环境质量；

2. 为保护人类健康做出贡献；

3. 确保谨慎合理地利用自然资源；

4. 加强实施国际措施，以应对区域和全球环境问题。

《马斯特里赫特条约》（1992 年）和《阿姆斯特丹条约》（1997 年）持续升级了欧洲环境政策。从此，环境保护成为欧盟具有约束力的首要任务：

> 环境保护要求必须纳入第 3 条所述的共同体政策和措施的定义和实施范畴，主要旨在促进可持续的发展。（Vertrag von Amsterdam 1997：Art. 6）

当前的《欧洲基本权利宪章》也包含了环境政策目标。此外，第 37a 条也阐述了可持续发展的原则：

> 必须将高水平的环境保护和环境质量改善纳入欧盟政策，并确保根据可持续发展原则进行实施。（Grundrechtecharta der EU：Art. 37）

《欧洲环境法》包括了许多具有约束力的质量标准。例如，通过设定有害健康物质上限来降低整个欧盟范围的环境污染。

成员国必须在一定时间内，将欧洲层面发布的指令转化为本国法律。如果成员国不采取行动，欧盟可对拖延的国家施加罚款等形

[①] 根据 1987 年 6 月 29 日《欧盟官方公报》第 10 页（L Nr. 169/12）公布的《单一欧洲法案》目标。

式的制裁。

欧洲气候政策

近年来，气候变化已成为欧盟最重要的环境问题之一。欧盟致力于减少温室气体排放，并为此制定了欧盟排放交易体系。与1997年《京都议定书》各国进行排放交易不同，欧盟由企业进行排放交易（参见第四章第四节）。

《里斯本条约》首次明确提及气候变化的问题。设立气候政策专员也凸显了欧洲气候政策的重要性。

可持续发展

《阿姆斯特丹条约》（1997年）将可持续发展理念作为欧洲政策的首要目标。

随着2006年新的欧洲可持续发展战略的实施，欧盟致力于全面的可持续发展理念。欧盟将在七个关键领域加大力度，并考虑各政策领域之间的相互影响。具体事项如下：

1. 气候变化与清洁能源；

2. 可持续交通发展；

3. 可持续生产和消费；

4. 保护自然资源；

5. 改善空气质量以保护健康；

6. 打击社会排斥；

7. 促进世界可持续发展和减少贫困。

> 欧洲国家和政府首脑于2000年3月的里斯本峰会上通过了里斯本战略。其目标是到2010年，使欧盟成为全球最具竞争力、最有活力的知识型经济区。应通过欧洲范围的改革政策，实现国民经济向知识型经济的转变，并以现有的福利国家为榜样，实现欧洲福利国家的现代化改革。然而，"里斯本

欧洲可持续发展战略是"里斯本战略"的补充，旨在加强欧洲一体化进程中的生态发展，以软性调控机制，即用开放协调法实施可持续发展战略（参见第三章第三节）。

欧洲可持续发展的问题

欧洲的环境保护和可持续发展政策面临两个主要问题。欧洲虽然在"酸雨"或河流污染等区域性问题上取得一些成功，但如果成因和后果发生在不同地点，则会出现问题。控制全球变暖等环境政策目标只有在全球范围才能实现。

影响范围的问题

欧盟可以设定宏伟目标，并在一定程度上成为环境和气候政策方面的表率。但如果美国或中国等主要国家不效法这一做法，上述措施的效果将十分有限。

欧洲可持续发展政策必须克服的另一个问题是自身问题。其可持续发展战略的目标通常设置得十分宏大，但实施起来却跌跌撞撞。同时，成员国也缺乏贯彻执行其国家可持续发展战略的意愿。

实施方面的困难

这对社会民主主义而言意味着：

• 一方面，欧盟对环境保护和物种保护作出了坚定的承诺；另一方面，欧盟尚未将可持续发展的三个维度（社会、经济和生态）纳入其政策并达成共识。

• 与经济领域相比，促进可持续发展的改革必须追求生态和社会福利的提升，确保所有政治活动长期同时考虑上述三个领域。

第五节　和平：欧洲外交与安全政策

在短短 30 年间遭受两次世界大战的惨痛经历之后，维持欧洲大陆的长治久安成为推进欧洲一体化进程的动力。

从这个角度来看，欧洲统一事业迄今为止获得巨大成功。成员国之间和平共处已逾 65 年。由于其经济和政治关系密切，今后也基本不可能爆发武装冲突。

欧洲国家之间棘手的外交关系已转化为一种内部关系，尽管成员国彼此间存在利益冲突，但能够通过谈判寻找解决方案，化解争端。

因此，欧洲共同体必须建立"新的"外交关系。新机构应在外交政策问题方面扮演什么角色？

外交与安全政策通常属于民族国家的重要领域。这是一个国家的重要职能。国家保障人民的安全，对外代表人民的利益。

从民主主义理论的角度来看，这是人民服从国家专权的重要前提。外交政策通常也具有强烈的、积极的社会影响力。

欧洲的对外贸易政策

由于建立了欧洲内部市场，对外政策的一个领域属于欧共体的职能范围，即欧洲对外贸易。

欧盟可在与第三国的经济关系中奉行独立自主的贸易政策，包括为来自第三国的商品设定外部关税或为保护欧洲市场而采取措施（例如反倾销措施、进口或数量限制、中止贸易优惠等）。欧盟委员会通常可以独立执行上述措施。

人们在世贸组织协定框架内缔结了欧盟的基本贸易关系。此外，欧盟可与个别国家或国家集团谈判并缔结双边自由贸易协定［例如，与非加太国家（非洲、加勒比海、太平洋地区）签订的经济伙伴关系协定或与美国谈判的跨大西洋贸易与投资伙伴关系协定〕。

与基于内部市场而在很大程度上超国家化的对外贸易关系相反，欧洲对外政策关系是国家间（政府间）关系。

欧洲的政治合作

欧盟创始国（德国、法国、意大利和荷比卢三国）不仅在经济领域，也在政治领域开展密切合作，合作开始并非一帆风顺。20 世纪 50 年代和 60 年代建立欧洲防务共同体和欧洲政治共同体的首次尝试均以失败告终。

所谓的欧洲政治合作是政治合作的新尝试。政治合作机制的基础是 1970 年的《达维尼翁报告》[以比利时外交官埃蒂安·达维尼翁（Étienne Davignon）的名字命名]。

1970 年：第一步——欧洲政治合作

其目标很明确：协调六个成员国的外交政策立场，并在必要时商定采取共同方针。政治合作机制纯粹是政府间的组织形式，没有签订协定。因此，该机构最初只是六国之间的共识，不具法律约束力。

随着 1986 年《单一欧洲法案》的颁布，各国政府宣布已做好准备，制定共同的外交政策。其主要目的是通过树立统一形象，提升欧共体（当时成员国已增加至 12 国）在国际关系中的地位。

共同外交与安全政策

欧盟的建立、《马斯特里赫特条约》（1992 年）的通过，最终为制定共同外交与安全政策铺平了道路。当时也提到了可能制定共同防务政策的长期目标。

1992 年：共同外交与安全政策中的合作

《马斯特里赫特条约》建立的"庙宇"结构①形成了共同外交与安全政策的第二大支柱。第一个超国家支柱包括欧共体（之前称为

---

① 参见图 3.4。

欧洲经济共同体）的共同政策，第三根支柱致力于警务与司法事务的合作。共同外交与安全政策、警务与司法合作及之后的欧洲政治合作机制均为纯粹的政府间组织。

成员国没有放弃任何主权，而只是制定了就外交事务进行磋商并采取共同措施的机制框架。

共同外交与安全政策采取的所有联合外交政策行动和立场均需一致通过，欧盟委员会和欧洲法院无法施加任何影响。这再次表明，成员国虽然原则上认为应像社会政策领域一样采取共同行动，但并不准备将主权移交给欧盟层面。

随着冷战结束后（1989/1990 年）国际政治体系的重组，欧盟也不得不（重新）定义其作为外交政策参与者的角色。欧盟对外宣称的目标是"在国际层面捍卫其身份"[①]。

此后几年，共同外交与安全政策进一步发展，例如设立了高级代表职位及通过建设性弃权的形式小心谨慎地告别一致通过原则。

后者推动各个成员国加深合作，而不会因个别成员国弃权而遇阻。《尼斯条约》（2000 年）扩大了共同外交与安全政策范围，除安全与和平外，也将推动和平、民主、人权和法治作为欧盟的重要工作。

欧洲安全与防务政策

基于共同外交与安全政策，欧盟主要着眼于外交政策，而欧洲安全与防务政策（ESVP）则将军事政策纳入欧洲外交政策。

在巴尔干冲突中无能为力的经历，是推动欧盟加强共同防务与安全政策的重要动力。特别是 1999 年的科索沃冲突，凸显了欧盟对寻求政治解决方案的无能为力。

安全和防务：欧洲安全与防务政策

导火索：巴尔干冲突

---

① 《马斯特里赫特条约》整合版，B 条（http://eurlex.europa.eu/de/treaties/）。

成员国之间的意见分歧使欧盟在巴尔干冲突开始之初就无法采取明确统一的立场。这再次表明，欧盟是一个经济的伟人、外交政策的侏儒。欧盟也没有自己的军事力量能够干预冲突，因此只能借助北约部队进行干预。

在此背景下，欧盟成员国国家和政府首脑于1999年6月在科隆举行的理事会会议上决定，欧盟应该具有进行国际危机管理的能力。成员国承诺建立必要的机构组织以及民事和军事能力。

软实力一词（德语 weiche Macht）是指国家和政治人物对其他国家和社会行使权力的一种特殊形式；该权力基于非军事资源（"硬实力"）。软实力手段包括树立榜样、加强吸引力和输出自己的规范和价值观。……美国政治学家约瑟夫·S.奈（Joseph S.Nye）提出了这一理念。欧盟经常被视为软实力的典范，一方面，因为欧盟没有可与美国媲美的军事资源，另一方面，欧盟按自己的理念以"文明力量"形象出现在世界舞台。（Das Europalexikon 2013: 340）

1999年5月1日生效的《阿姆斯特丹条约》已涵盖了一系列欧洲安全与防务政策，即所谓的"彼得斯贝格任务"。根据《阿姆斯特丹条约》，欧盟将在欧洲安全与防务政策框架内负责人道主义和救援任务，实施维护和平的措施及在危机管理中的战斗任务。与美国相反，欧盟不仅依靠军事力量，还依靠**软实力**。

欧盟通过建立常设机构和组织〔例如政治和安全委员会（PSK）、欧盟军事指挥部、欧盟军事委员会或民事危机管理委员会〕以及通过制定所谓的"能力目录"来提高军事和民能力，为2000年至2003年采取军事或民事军事行动创造了条件。2003年，欧盟成员国宣布欧洲安全与防务政策具有运作能力。欧盟国家从此可以将成员国提供的军队或警察派往危机地区。在过去十年中，成员国已经或正在欧洲安全与防务政策的框架内执行了30次任务和行动，包括一些复杂的任务。

作为共同外交与安全政策的组成部分，欧洲安全与防务政策也是纯政府间组织，需要理事会一致表决通过。

共同外交与安全政策在《里斯本条约》（2009 年）中得到进一步发展

通过《里斯本条约》得以提升

随着《里斯本条约》的签订，欧盟的外交与安全政策得到了进一步发展。制定新的政策旨在彰显和强化欧盟作为全球政治领导者的形象，建立欧盟在欧洲外交政策中的认同感。

"欧盟外交部长"

条约为此设立了"欧盟外交与安全政策高级代表"这一职位。2009 年 11 月，成员国任命欧盟前贸易委员凯瑟琳·阿什顿（Catherine Ashton）男爵夫人为新任高级代表。

与 1999 年建立的共同外交与安全政策高级代表职位相比，新的高级代表担任外交事务委员会主席一职，该委员会由欧盟 28 个成员国的外交部长参加。高级代表同时也是欧盟委员会成员并担任副主席，负责对外关系和对外行动等事务的协调工作。这种"双重身份"旨在确保欧盟外交政策更加连贯和有效，使共同外交与安全政策以及欧盟委员会在扩大和睦邻政策、发展政策和人道主义援助方面的职责紧密衔接，这是该设置的重要出发点。

高级代表在欧洲对外行动署的协助下履行职责。欧洲对外行动署是成员国外交事务部之外的补充，由欧盟委员会、理事会秘书处和成员国的雇员组成。该行动署由位于布鲁塞尔的总部和分布于第三国及国际组织的 140 多个欧盟代表团（"欧盟大使"）组成。作为共同外交与安全政策的"安全策略分支"，欧洲安全与防御政策也全面升级，内容更为详尽。一方面，欧洲安全与防务政策更名为共同安全与防务政策（GSVP），并被视为共同外交与安全政策不可或缺的组成部分（《欧洲联盟条约》第 46 条）。该政策仍需适用一致通过规则。此外，《里斯本条约》首次明确要求制定欧洲防务政策。"永久结构性合作"是实现这一目标的重要手段。如果所有成员国未能达成协议，其他一些国家仍可推进其国防合作。

最终通过新条约中的援助条款，欧盟能够具有防务同盟的性质。援助条款规定，如果一个欧盟成员国遭遇军事袭击，其他成员国必须尽其所能提供援助。《里斯本条约》中还有一项团结条款，根据这项条款，在发生恐怖袭击或自然灾害时，成员国之间也达成了互助协议。有关国家必须正式寻求其他成员国的协助。

寻找外交政策上的认同感

欧洲外交与安全政策的主要问题仍是难以在 28 个成员国之间就重要的外交政策问题达成共识。

一方面，外交政策在传统上对国家认同感的形成过程至关重要，这是一个政治敏感且充满意识形态的政策领域。

另一方面，由于历史经验、文化和外交政策传统不同，成员国对外交政策的利益和义务有时也差异巨大。特别是在与美国和俄罗斯及与中国和非洲国家的关系中，这必将导致立场截然不同，很难达成共识。

成员国之间的分歧越发明显。2003 年，欧盟成员国未能就美国入侵伊拉克的行为达成共识。英国、荷兰、丹麦和葡萄牙及许多中东欧国家与美国人共同进军伊拉克，而德国、法国和比利时等国家却反对美国的军事干预并拒绝提供援助。由于担心会暴露外交与安全政策上的理念差异，欧盟成员国五年后无限期推迟了关于欧洲安全新战略的讨论。回顾西巴尔干半岛的局势，我们必须认识到，并非所有欧盟成员国都承认了科索沃，巴尔干地区的分歧仍将继续。2011 年在利比亚的国际军事行动的争端表明，欧盟共同外交政策道路何其艰难。

因此，从长远来看，增强欧盟外交政策的认同感是一项重大挑战。各成员国外交政策的竞争使其变得越发困难。各国外交部、国

延伸阅读：
Mathias Jopp und Sammi Sandawi（2009），Europäische Sicherheits- und Verteidigungspolitik, in: Werner Weidenfeld und Wolfgang Wessels（Hg.），Jahrbuch der Europäischen Integration 2009, Baden-Baden, S.241—248.

Elfriede Regelsberger（2009），Gemeinsame Außen- und Sicherheitspolitik, in: Werner Weidenfeld und Wolfgang Wessels（Hg.），Jahrbuch der Europäischen Integration 2009, Baden-Baden, S.249—256.

不同传统

家和政府首脑均不愿牺牲自身影响，来加强欧洲的外交政策。

但是，世界政治力量的变化使欧盟成员国认识到，即使是德国、法国或英国这样的大国，也只有通过欧盟才能影响全球。与单个国家相比，由 28 个国家组成的共同体能真正更强有力地构建与中国、印度或俄罗斯的关系。

增强军事资源的融合也是如此。欧盟成员国 2011 年的国防开支总计约 2 000 亿欧元。在这方面，成员国必须共同努力，密切地协调军事计划，共享和整合现有能力。

这对社会民主主义而言意味着：

- 回顾和平领域的三项既定要求可以发现，必须在欧盟内部机构中通过法律保障和社会和平的方式实现政府间和国家间和平相处的目标；
- 必须首先在欧盟对外关系方面做出改变和进一步发展；
- 外交政策改革提案应阐明和强化欧盟的国际形象。

第四章　欧洲的未来：展望和改革建议

> **本章**
>
> - 从五个方面论述欧盟的改革建议；
> - 阐明这些改革如何加强欧洲层面的社会民主；
> - 勾勒实施改革方案的机会和阻碍；
> - 提供延伸阅读的文献。

我们在上一章的内容中了解到，欧洲一体化过程中重要的社会民主议题被一再探讨，部分目标已经实现，比如《欧盟基本权利宪章》和《欧洲人权公约》。

上一章也表明，今日之欧盟与第二章所述的标准依旧存在一些差距。这些差距有的容易补足，有的却很难解决。

下文将探讨与加强社会民主密切相关的改革方案。改革可以朝两个方向进行：一方面在欧洲层面推行社会民主计划（积极一体化）；另一方面在国家层面维护和 / 或保护社会民主主义的成就。

本书内容无法完整论述所有的提案和建议，仅示例性地选取部分有充分论据的内容。

延伸阅读：
弗里德里希·艾伯特基金会国际政治研究（IPA）的出版物
► www.fes.de/ipa

弗里德里希·艾伯特基金会经济与社会政策部的出版物
► www.fes.de/wiso

第一节　加强欧洲民主

从社会民主主义的角度来看，在欧洲层面加强民主的要求尤为重要：欧洲组织机构的架构和运作方式在合法性和民主方面均显示出一定的缺陷。

下文将提出欧盟的改革建议，以期大力提升欧洲民主。

欧洲议会选举的欧洲化设计

自相矛盾的提议？

欧洲议会选举欧洲化的提议表面看似自相矛盾，实则暗示了迄今欧洲议会选举大多围绕国家主题和人选的局限性。

有待讨论

2009 年欧洲议会选举的投票人数再创新低，总体上处于非常低的水平。

任务：您认为选举参与率低的原因是什么？选民低估了欧洲议会的影响力？选举过于尖锐或者过于温和？还有什么其他原因？

欧洲议会选举的欧洲化建议主要包括三个方面：

- 引入欧洲议会选举候选人名单；
- 制定真正的欧洲议会选举纲领；
- 将选举纲领转化为欧洲议会竞选策略。

欧洲议会选举的候选人名单

迄今为止，在国家层面举行的欧洲议会选举只提供该国的候选人名单，上面只列明了该国的政党候选人。公民在投票时，并不清楚他们将选票投给了哪个欧盟政党或党团。欧洲议会选举候选人名

欧洲议会选举候选人名单

单有助于让每位公民都能清楚了解自己将选票投给了哪个欧洲议会党团。

也有人反对出台欧洲议会选举候选人名单，他们的想法也有一定的道理。批评者指出，党团中往往有众多政党，众口难调，很难统一制定一张名单。短期内实施欧洲议会选举候选人名单无疑困难重重，尤其是至今为止还没有可与国家政党相当的欧盟政党。但从长远来看，建立欧洲政党制度是欧洲社会民主主义的重要目标。

中期建议是，各党派仅提名一位共同的首席候选人。借鉴德国选举制度，选民可以在欧洲议会选举中有第一票和第二票。第一票选举产生党团内的首席候选人，第二票从各个国家的候选人名单中选出代表。

欧洲首席候选人

这方面已经有所进步：2014 年欧洲议会首次根据欧洲理事会的提议，在考虑欧洲议会选举结果的基础上，选举产生欧盟委员会主席。《里斯本条约》（《欧洲联盟条约》第 17 条第 7 款）的这项新规使许多欧洲政党在 2014 年欧洲议会选举中能够首次提名党派的欧盟委员会主席候选人。

马丁·舒尔茨（1955 年生）是德国政治家。他是一名科班出身的书籍经销商，也曾是位企业家。舒尔茨担任过家乡乌尔瑟林市（Würselen）的市长，自 1994 年以来一直担任欧洲议会议员，2004 年以来担任欧洲社会民主党党团主席。舒尔茨是德国社会民主党主席团成员，也是德国社会民主党理事会的欧洲事务代表，并于 2012 年成为欧洲议会议长。

2013 年 11 月，欧洲社会民主党主席团提名马丁·舒尔茨（Martin Schulz）为 2014 年欧洲议会选举的社会民主党的首席候选人。

欧洲议会选举的竞选纲领

另一重要举措必须与欧洲选举名单齐头并进：制定统一的欧洲

欧洲议会选举的竞选纲领

选举纲领，使竞选更具有欧洲政策的导向。

一如往常，成员国国内的欧洲议会选举很大程度上取决于该国的内政议题。因此，政治学文献将欧洲议会选举称为"次等选举"。

这种"次等选举"的主要特点是，选民、政党和媒体对选举的重视程度低于国内选举。

在 2009 年的欧洲议会选举中，平均仅有 43％有投票资格的公民参加了投票。[①] 此外，各国政党往往将欧洲议会选举视为内政议题或国内选举前的一种民意调查。

目标：加强欧洲的公共宣传

统一的欧洲议会选举竞选纲领能够针对欧洲问题进行跨国讨论，这不仅是欧洲议会选举欧洲化的体现，也将促进欧洲的公共宣传工作。

欧洲绿党在 2004 年大选期间基于共同竞选纲领，首次尝试推动欧洲议会选举的欧洲化。在 2009 年的欧洲议会选举中，除了少数右翼民族主义的党团外，所有欧洲政党联合体都提出了所谓的竞选宣言，并以此为基础进行了国家层面的欧洲议会选举。

延伸阅读：
Björn Hacker
und Gero Maaß
（2010），Ein
Grundsatzprogramm
für die SPE.
Baustellen,
Gemeinsamkeiten
und Eckpunkte aus
deutscher Perspektive,
FES（Hg.），IPA,
Berlin.

回顾当时的情况后我们必须指出，尽管有欧洲议会选举竞选宣言，但大多数政党在 2009 年欧洲议会选举中仍以国家主题为主导。

这主要是因为竞选宣言仅仅提供了一个主题框架，而没有转化为具有约束力的欧洲议会选举策略。基于此经验，欧洲社民党花了三年时间制定出第一个共同的基本纲领（SPE 2013），该纲领于 2013 年 6 月获得一致通过。

欧洲社民党纲领：
三大支柱

该基本纲领建基于三大支柱：

• 在社会市场经济中实行民主调控；

---

① 比较：德国联邦议院选举的投票率在 70％至 90％之间。2009 年约为 70％，是第二次世界大战结束以来的最低水平。

- 在欧洲实行社会福利"新政"，致力于资格培养、体面的工作和社会公正，以确保人民美满的生活；
- 欧盟内部的团结，同时为国际和平、繁荣与进步做出贡献。

欧洲议会选举的竞选策略

欧洲竞选策略

此三点（欧洲议会选举的竞选纲领、候选人名单/首席候选人和共同的竞选策略）应该相互联系。只有这样，欧洲议会选举才能实现欧洲化，并积极动员选民参与投票。毕竟，欧洲议会选举是世界上最大的民主选举，涵盖约 3.8 亿选民。

欧洲议会选举的欧洲化意味着：

1. 各国政党被迫围绕欧洲议题进行竞选，从而引发欧洲社会就这些欧洲政策议题展开更为激烈的公共讨论；

2. 提升欧洲议会选举的重要性，欧盟的政治决策对国家立法及人民生活产生重要影响；

3. 积极动员公民参与欧洲政策的讨论，从而加强欧洲政策的合法性。

欧盟的议会化

提升议会地位

另一项改善欧洲民主的长期改革建议着眼于欧盟的议会化。欧洲议会的地位应在欧盟组织架构中获得提升。长期目标在于将欧盟发展成议会治理体制，或向这一方向靠拢。该举措有助于解决欧盟在一定程度上的民主问题。[1]

---

[1] 关于欧盟的议会化，目前正在讨论的有两种模式：其一，建立总统制的政府体系［参见约施卡·菲舍尔（Joschka Fischer）2000 年在柏林洪堡大学的演讲］；其二，建立欧盟议会制政府体系［参见利昂内尔·若斯潘（Lionel Jospin）2001 年在巴黎的演讲］。上述两种模型都需满足一定的前提条件且需长时间的发展。《欧盟宪法条约》受挫、《里斯本条约》获得接受后，欧盟朝着议会模式的方向发展。

讨论主要涉及以下议会化所需的改革步骤：

- 选举欧盟委员会主席（同 2014 年尝试的那样，由欧洲议会选举产生，或直接选举产生）；

- 欧盟委员会的构成根据欧洲议会的多数状况；

- 欧洲议会选举的新选举制度（例如，在大型选区实施统一的比例选举）；

- 将欧洲议会和部长理事会扩建为两院制议会（例如，欧洲议会作为公民议会，而部长理事会作为国家议会或建立参议院）；

- 欧洲议会的倡议权；

- 建立欧洲政党制度；

- 欧洲公共宣传机制的设立，或国家公共宣传工作的欧洲化；

- 以基本权利、人权和公民权利为核心的欧洲宪法。

目标：更加透明化
和更高的参与度

加强欧洲议会一方面可以增强欧洲机构的民主合法性，另一方面能够（更好地）保障欧洲公民在政治决策过程中的民主参与。

《里斯本条约》的通过标志着我们已经朝着加强欧洲议会的道路迈出了重要的一步。将共同决策程序提升为欧洲层面的一般决策程序，从而促进欧洲议会在欧洲立法程序中发挥平等作用。

引入欧洲公民倡议机制，为欧洲公民开辟直接参政的通道。其他的改革建议需要满足更多的先决条件，因此难以实施，尤其是在拥有 28 个成员国的联盟中。欧洲宪法和欧盟委员会主席的直接选举目前属于实现可能性比较低的提议，毕竟欧洲制宪计划几年前刚刚宣告失败。

建立欧洲政党制度和发展欧洲公共宣传机制也需要满足一系列苛刻的先决条件，需要很长时间才可能实现。

但这些领域呈现出积极的发展趋势。例如，各国的社会民主党积极致力于将欧洲社民党发展成为具有统一纲领和成员的党派。

欧洲优质媒体的欧洲报道也有改善，不仅关注欧盟政策，还提供了大量其他欧盟成员国的信息。[①]

从社会民主主义的角度来看，若要满足第二章提出的要求，就应提升欧洲公民在政治决策过程中的民主参与，以及实现欧洲政策完美无缺的民主合法化。

第二节　促进欧洲繁荣[②]

欧洲的繁荣如何得以维持和发展？有哪些可行的方法和策略？本章将阐述欧盟对上述问题的回答，并简要介绍"欧洲2020"战略及对其的评论。本章重点在于欧洲经济政府的理念，以及如何防止欧洲税收竞争。

"欧洲2020"

"欧洲2020"是欧盟委员会现阶段十年经济计划的标题，由欧盟委员会于2010年6月提出并由欧洲议会决议通过。目标是实现"智慧、可持续和一体化的增长"[③]。欧盟的这一新战略在许多领域都传承了原先的"里斯本战略"[④]。

延伸阅读：
Joschka Fischer (2000), Vom Staatenverbund zur Föderation—Gedanken über die Finalität der europäischen Integration. Rede, gehalten am 12. Mai 2000 an der Humboldt-Universität zu Berlin.

Lionel Jospin (2001), Zukunft des erweiterten Europas. Rede, gehalten am 20. Mai 2001 in Paris.

Martin Schulz (2013b), Der gefesselte Riese: Europas letzte Chance, Berlin.

---

① 参见克里斯托夫·O.迈尔（Christoph O. Meyer）2002年的研究以及坎特纳（Kantner）2004年的研究。此外，法国《世界报》（Le Monde）2006年决定，欧洲相关事件和决议的报道不再放在该报的"外交政策"一栏，而是转入内政栏目之下。这一举措向民众传达了一个信号：欧洲政策和国家政策紧密相连。

② 本章内容主要参考《欧洲经济和货币联盟的未来》分析报告（Friedrich-Ebert-Stiftung 2010a）。观点陈述来自编者总结。

③ 欧盟委员会通告：《欧洲2020——智慧、可持续和一体化增长》，2010年3月3日（http://ec.europa.eu/eu2020/index_en.htm）。

④ 参见第74页。

> "欧洲2020"战略的推动力：
>
> 弗里德里希·艾伯特基金会国际政策分析团队已经为"欧洲2020"提出了广泛的可行建议。例如：
>
> **经济政策指导方针建议：**
>
> 1. 提高宏观经济的协调性，实现欧盟新的组合型政策；
> 2. 确定中长期的债务水平目标，在人口结构变化中保持财政稳定；
> 3. 引入欧洲社会福利稳定公约，终止社会保障体系的竞争；
> 4. 将发展"低碳经济"作为欧洲经济政策协调的主要任务，为未来在欧洲建立可持续增长模型及生态节能型产业奠定基础；
> 5. 通过调节税收政策巩固内部市场，同时遵守社会和生态标准；
> 6. 增加投资支持，提升欧洲作为研究基地的吸引力。（Fischer u. a. 2010: 3）

主要来自工会的
批评

"欧洲2020"方案收到来自各方的改善建议。例如，德国工会联合会（DGB）建议了发展的新方向：重点不应放在竞争力和市场上，而应放在可持续、团结、凝聚力和平等上。德国工会联合会认为，欧盟若不强制性推动社会进步、减少贫困和提供"体面的工作"，社会福利势必将停滞不前。欧洲需要开启一个新项目：建立共同的经济政府，致力于同步实现经济、生态和社会进步（参见 Sommer 2010）。

德国工会联合会主席提及的欧洲经济政府设想具体包含哪些内容？

欧洲经济政府

延伸阅读：
Severin Fischer u.
a.（2010），EU
2020—Impulse
für die Post-
Lissabonstrategie，
FES（Hg.），IPA，
Berlin.

FES（Hg.）（2010b），
Weichenstellung
für eine nachhaltige
europäische
Wohlstandsstrategie，
IPA，Berlin.

弗里德里希·艾伯特基金会欧洲工作组于2010年9月选择"欧洲经济和货币联盟的未来"作为分析此问题的标题。标题的选择强调了自希腊金融危机和"欧元危机"以来欧洲未来问题的重要性。作者认为，我们需要一种新的经济一体化形式：一个欧洲经济政府。

社会讨论常常要求在《稳定与增长公约》的框架内增强单方面的制裁措施。而欧洲经济政府的方案是"一个整体解决方案，要整体考量改善宏观经济失衡，保证金融市场的正常运转以及整合财政预算"（Friedrich-Ebert-Stiftung 2010a：3）。因此，该方案不仅仅涉及债务问题，还有关于诸如出口顺差的问题。

以上所述的欧洲经济政府方案拥有"两只手臂"：一臂预防（即预防之臂），一臂出击（即矫正之臂）。只有当国家之间的预防性协调未能取得理想结果时，中央机构（即欧盟）才会采取纠正性的制裁措施。

Michael Sommer（2010），Wenn nicht jetzt，wann dann? Das Soziale Europa braucht eine politische Grundsatzentscheidung，in：Michael Sommer，Frank Bsirske，Wolfgang Rohde（2010），Business asusual oder eine neue Zukunftsstrategie? Die Strategie Europa 2020 aus der Perspektive deutscher Gewerkschaften，FES（Hg.），IPA，Berlin，S. 4—7.

预防之臂

协调的首要目标是消除欧盟内部不同区域之间的有害竞争。经济竞争是可取的，但不应使用工资或低税收作为手段，而应比拼质量和创新。

因此，经济政府模型将实现统一的最低标准和统一的公司计税标准。工资以生产效率为基础，并提供具有可比性的最低工资标准。每个国家／地区的最低工资应至少为平均税前收入的 50%。

此外，平衡外贸经济目标也很重要。德国自 1967 年起就将外贸经济目标列入了《促进经济稳定与增长法》，与经济增长、物价稳定和低失业率并列为"魔力四角"。

以上模型要求，单个国家在欧洲范围内的贸易差额应在 –3% 至 +3% 的范围内波动。如何实现这一目标是每个国家自己的任务。

> 贸易差额是指所有货物进出口之间的差额占国内生产总值的百分比。

德国首先须提高工资水平。因为"随着出口不断增长，实际工资停滞不前的状态削弱了内需，导致整个欧盟的不平衡，并导致通缩趋势的出现"（Friedrich-Ebert-Stiftung 2010a：5）。

欧洲经济政府的预防之臂还包括其他内容，例如欧洲议会应更多地参与赤字程序，引入欧盟范围内的财政预算预警机制和欧洲金融交易税。

金融交易税

如果金融交易发生在欧盟境内或境外，交易中至少有一名本国居民参与，则将对证券交易产生的……销售和衍生产品征税。可以一般低额税收的形式对所有金融相关的交易征税，征收比例为营业额的0.05%至0.1%，1 000欧元营业额起征。这项税负不会增加以持有为目的的证券交易费用。交易越短期频繁，所承担的税收越多。因为短期投机的获利能力是买卖价格之差的总和。通过金融交易税可以减少价差，交易越多，差异越小。金融衍生品的短期投机交易因此变得更加昂贵，交易量预期将会下降。（Friedrich-Ebert-Stiftung 2010a：5）

矫正之臂

矫正：欧洲货币基金组织

欧洲经济政府矫正之臂的核心是欧洲货币基金组织（EMF），其资金来源于欧盟范围内征收的金融交易税和共同体债券。该组织的任务是在发生危机时让欧洲理事会能够迅速作出决定，避免加重危机的延误，避免希腊的悲剧重演。如有必要，该组织也可以发行所谓的欧元债券。但欧洲货币基金组织的信贷需要很高的限制条件和强有力的金融政策干预权，从长远来看并不具有吸引力。

> 欧元债券的设想是指创建欧元区国家共同的国家债券，使针对单个国家的投机行为变得更加困难。

建立欧洲经济政府的机会

上文简述的欧洲经济政府设想是为了应对欧洲经济与货币联盟（EWWU）未来发展的问题。现阶段的实际问题可以概括如下：

最终，"希腊危机"清楚地表明了这一点：只有当从欧洲视角解释经济政策调控问题的讨论框架存在的情况下，人们才会在朝向欧洲经济政府的发展之路上迈出决定性的一步（参见 Lierse 2010）。危机可能触发观点转变，也很容易招致闭关锁国的"井底之蛙"政治，或者出于媒体的压力，或者为了即将举行的选举，德国联邦政府很可能再次关闭这扇"希望之窗"。（Heise/Görmez-Heise 2010：14）

自 2012 年以来在欧洲各机构中，以及在欧洲货币联盟的改革进程中，一再讨论了上述欧洲经济政府方案的大部分内容，同期的讨论主题还包括危机管理。其目标是加强经济政策上更为紧密的协调。但是，除了在设立欧洲银行业联盟方面有进一步的动向外，并无任何实际成果出现。

关于欧洲经济与货币联盟未来架构的各种设想太多，对于加入跨国债务联盟的担心也太多，国家之间互相承担债务是恐惧的主要原因。因此，危机管理仍处于难以持续的"摸索"中。

目前，货币联盟的完成似乎受到政治联盟的阻碍。未来还有可能出现的情况是欧元区解体，即欧洲一体化进程的倒退，或者是形成一个脱离其他国家的"核心欧洲"。

阻止税收竞争！

国家以低税率吸引公司、富人或金融交易，这种行为称为税收竞争。某个国家的税率虽然低，但可以获得更高的整体税收收入并增加就业。通常基础设施欠佳的国家会采用这种策略以吸引投资者。但研究表明，低企业税和人头税的竞争削弱了欧洲国家近年来的收入水平。因此，欧盟正在讨论限制这种税收竞争的应对措施。其中一项措施是实施最低税率并建立统一的征税标准。

延伸阅读：
Arne Heise und Özlem Görmez-Heise（2010），Auf dem Weg zu einer europäischen Wirtschaftsregierung, FES（Hg.）, IPA, Berlin.

FES（Hg.）（2010a）, Die Zukunft der Europäischen Wirtschafts-und Währungsunion, IPA, Berlin.

FES（Hg.）（2013）, Zukunftsszenarien für die Eurozone: 15 Perspektiven zur Eurokrise, IPA, Berlin.

Thomas Rixen und Susanne Uhl（2011）, Unternehmensbesteuerung europäisch harmonisieren! Was zur Eindämmung des Steuerwettbewerbs in der EU nötig ist, FES（Hg.）, WISO, Bonn.

第三节　加强社会福利

社会公正、政治参与和机会均等是社会民主主义的基本前提。只有当欧洲一体化进程不会对社会公平和社会公正产生不利影响的前提下，才能在欧洲范围内实现社会民主主义的目标。

社会进步条款

写入欧盟基本法

作为对有争议的欧洲法院裁决的回应，将社会进步条款写入欧盟基本法的要求被提了出来。欧洲法院一再将内部市场的基本自由置于国家的社会基本权利之上。

欧盟是社会联盟

在市场自由与社会保障及劳工权利之间存在冲突的情况下，欧盟法律框架下的社会进步条款应确保将社会福利基本权利置于优先地位。社会进步条款阻止欧洲法院做出有利于内部市场自由和侵犯国家社会劳工权利的裁决。这类条款的实现可以借助附加议定书或成员国庄严声明的形式，要求欧盟在充分考虑社会基本权利的前提下解释市场自由。

欧盟基本法中的社会进步条款将为国家层面的社会民主保障做出重要的贡献，防止欧盟损害国家的保障权利和劳工权利。

这也意味着欧盟作为社会联盟的地位将得到加强。社会进步条款将提升欧盟层面的社会基本权利，（虽然在很小程度上）制衡市场自由。对社会进步条款呼声最高的是欧洲工会联合会及德国工会联合会、德国社民党和"左翼党"。

实现机会

然而，实现进步条款的当前机会又如何呢？

一些成员国，特别是英国，以及一些东欧国家很可能会反对将上述条款纳入基本法框架内。在 2009 年至 2014 年的立法会议任期内，欧洲议会和欧盟委员会中的多数成员对此也表示了反对。这两个机构中占多数席位的保守自由派拒绝了该提案。

但这并不说明，社会进步条款从长远来看不会成功。如果欧洲理事会和欧洲议会中的多数状况发生了改变，情况将大大不同。

社会稳定公约

社会稳定公约旨在停止欧盟内部削减工资和社会标准的竞争（参见 Hacker 2011：18f.），其背后的想法是确保在不限制成员国的社会政策自主权的情况下，设置共同的欧洲最低社会保障标准。

社会稳定公约的提案包括三个要素：

• 所有欧盟成员国实行最低工资；

• 以国民人均收入水平确定社会保障支出的比例；

• 协调欧洲范围内的教育支出。

当所有欧盟国家实行最低工资时，应考虑一国的经济实力，即将最低工资参照全国平均工资进行测算。为了确保最低生活水平，最低工资不得低于平均工资的 60%。如何确定最低工资，是通过法律还是通过集体谈判，由国家自行决定。但是，最低工资应同时适用于一个国家的工人和流动工人。

第二点涉及国家社会保障支出的比率，即将国家社会保障支出与一国的经济产出结合起来看，根据一国的人均收入来计算社会保障支出。这样可以防止一个国家在经济产出增长的同时，没有增加社会保障资金，从而导致联盟内部出现福利倾销的现象。

如果将欧盟国家各自的经济实力与其社会福利关联起来，我们可以看到一条通道。在该通道内，社会保障支出与一国的繁荣呈正相关（参见 Busch 2011）。社会保障支出可以在此通道内波动，但其波动范围应遵循政策的规定。欧盟仅对社会保障支出在经济产出中的总体占

延伸阅读：
EGB（2008），
Stellungnahme
des Europäischen
Gewerkschafts-
bundes（EGB）zu
den Urteilen des
EuGH in den Fällen
Viking und Laval，
Brüssel.

SPD und DGB
（2009），Für ein
Europa des sozialen
Fortschritts—
Gemeinsames
Positionspapier von
SPD und DGB，
Berlin.

Katharina Erdmenger
u. a.（2009），Die
soziale Dimension der
EU—Binnenmarkt
und faire Arbeitsbe-
dingungen—ein
Gegensatz?，FES
（Hg.），IPA，Berlin.

Max-Planck-Institut
für Gesellschaftsfors-
chung（Hg.）
（2009），Eine
europäische
Sozialpolitik—
wünschenswert，aber
unmöglich?—Jo
Leinen und Fritz
W.Scharpfim
Streitgespräch，in：
Gesellschaftsfors-
chung 2/2009，S.6-9.

比进行监管，各国仍可自行决定其社会保障的项目及重点领域。

第三点，社会稳定公约的提案涵盖了欧洲的教育支出协定。各国有义务将其一定比率的国内生产总值投资于教育和培训机构，例如中小学学校、大学、幼儿园及职业教育与培训机构。

社会稳定公约的作用有哪些？

公约非常有助于在欧洲一体化过程中平衡社会保障和经济两者的权重。民族国家在欧洲内部的竞争中将承担较小的压力。

社会稳定公约有利于保护欧洲福利国家。

> **一体化指导方针：**一体化指导方针由欧盟委员会制定，提交欧洲理事会批准，作为各成员国经济和就业政策改革的指导方针。

我们建议在"里斯本战略"综合准则的基础上补充一个社会政策指导方针，以便于实施社会稳定公约。如果某成员国违反了社会稳定公约，应按照《稳定与增长公约》的规定予以制裁。

实现机会

社会稳定公约在欧洲层面的实现机会如何？从形式上讲，社会稳定公约在欧洲十年增长战略的框架内相对容易实施。

困难在于，并非所有成员国都希望加强社会保障体系。例如，经济水平较弱的国家会拒绝接受，因为它们希望通过低社会保障支出来维持或创造所谓的竞争优势。

就政党而言，保守派和经济自由派势力尤其反对实施社会稳定公约。

> **欧洲基本失业保险**的改革建议旨在从社会政策领域着手推进改革，以达到经济政策的目标。该观点的代表人物是罗兰德·戴恩策（Roland Deinzer）（2004）和塞巴斯蒂安·杜林（Sebastian Dullien）(2008)。根据这个设想，欧

洲基本失业保险支付时间设置为 12 个月，金额按申领人之前收入的 50% 计算。各国可以根据本国政策增加支付金额和延长支付期限。欧洲基本失业保险代替了原先国家福利体系的支出。因此，国家承担部分的金额下降，支出减少部分为欧洲层面支付的部分。欧洲基本失业保险的缴费额按总工资金额的 2% 计算。

欧洲基本失业保险可以缓解国家面对经济危机的压力。国家除了享受免除税费的红利之外，只需承担一部分增加的失业金，另一部分将由欧洲基本失业保险覆盖。该设想旨在促进经济稳定和建立补偿机制。欧洲基本失业保险可以作为欧洲经济政府的一个组成部分（参见第四章第二节）。

延伸阅读：
Björn Hacker (2011), Konturen einer politischen Union, FES (Hg.), IPA, Berlin.

Klaus Busch (2011), Das Korridormodell—relaunched, FES (Hg.), IPA, Berlin.

FINE (2013), Forschungsinitiative NRW: Perspektiven für eine Politische Union, Düsseldorf.

自 2012 年开始探讨欧洲经济与货币联盟的改革以来，关于欧洲基本失业保险是否建立，欧洲层面的讨论一直充满争议。欧盟委员会认为需要修改欧盟条约以促成欧洲基本失业保险的建立，但认为该方案是一个较长期的解决方案。

第四节　保障可持续性

塞弗林·菲舍尔　尤利安·施瓦茨科普夫

为气候成本定价：从排放交易到二氧化碳税

气候变化已经给世界所有的经济体造成实际损失。暴雨洪水等极端天气事件及医疗系统成本的上涨正成为欧洲及其他地区日益沉重的社会负担。如今，全世界都要共同为无限制地排放破坏气候的温室气体买单。

从经济角度来讲，环境破坏造成了外部损失，但没有内化，即没有让污染者付出代价。一些学者称这是历史上最大的市场失灵，世界银行前首席经济学家尼古拉斯·斯特恩爵士（Sir Nicholas Stern）就曾提出这一观点。他是著名报告《气候变化经济学》（Stern 2006）的作者。

气候变化作为一种市场失灵

有多种措施可以限制这种全球的市场失灵，包括典型的秩序法或禁令等形式的法规，对温室气体排放征税，或利用既有的排放交易等市场工具。

只有当欧盟成员国共同实施这些工具时才会奏效。否则，那些不执行环境标准或者执行较低标准的国家将会在欧洲内部市场中获利。

欧盟排放交易体系在 2005 年已经建立，但目前并未在欧洲范围内对二氧化碳强制征税。2008 年 12 月的《气候和能源公约》对欧盟排放交易体系进行扩展和改革。2013 年是其第三个交易期，持续至 2020 年。

碳排放交易的建立反应了环境成本定价的思想。通过政治决策，人们创造了一个人为塑造的短缺市场，拥有二氧化碳排放权的公司可以在该市场中进行交易。

排放权证书的数量有限，因此其价格随需求的增加而上涨。任何工厂的排放量若超过碳排放交易体系的规定，不购买证书仍排放温室气体的，必须缴纳高额罚款。与二氧化碳税相比，碳排放交易体系的优势在于可以首先在最有成本效益的地方实施减排。此外，碳排放交易体系能够很容易地与其他地区的类似系统联系起来，为设计欧洲以外的气候政策提供更多可能性。

欧盟排放交易体系目前涵盖了欧洲约 45% 的碳排放，该体系的范围主要限于电力制造业和工业。2012 年，航空业也将被纳入其中。

其他主要产业，如运输、农业和供暖，都未列入其中。较小规模的企业也没有列入其中。或许可以考虑在欧盟范围内实行涵盖这些产业的二氧化碳税，统一对每吨二氧化碳征收一定金额的税。

实际上，2011 年 4 月欧盟委员会提交了一项提案，提议在欧洲范围内征收基于二氧化碳的能源税，即根据不同燃料的二氧化碳排放量确定其最低税率。

为避免双重征税，对列入碳排放交易体系的行业免征税。征收能源税的目的是减少运输业、农业和建筑业有害温室气体的排放，这些行业在气候保护方面的投入力度远小于工业和电力制造行业。

与碳排放交易的理念相仿，该方案遵循的思想是，化石燃料间接造成的预期环境破坏必须部分由造成这种破坏的主体来承担。

当今世界，气候变化的成本分摊不公平，因为造成气候变化的主体通常受影响最小，或者有足够的资源以抵消所造成的破坏。

合理分配成本

因此，应当更加公平地分摊因全球变暖和向低碳经济结构转变而产生的高额成本。在使用碳排放权交易收入或二氧化碳税税收时，须注意对目前的不平等所造成的结果进行补偿。

补偿必须在几个层面上进行。一个社会中，高收入者的生活方式产生的二氧化碳排放量通常高于低收入者。除了应用污染者付费原则外，还须采取社会支持措施，以保证环境政策不会产生新的不平等现象。例如，公共部门需要通过信息宣导以提高人们的节约意识，并通过低息贷款方案支持节能项目的大量初期投资。

在多个层面补偿

从全球视角来看，工业国家是历史上全球二氧化碳的主要制造者，而发展中国家却因此遭受干旱或洪水等恶劣气候的影响。

因此，欧洲必须更加严格地履行其职责，在保护和适应气候变化方面向发展中国家提供大力的支持。当然这需要资金，而资金可以来源于气候成本的定价。

这些改革建议改善了内化，更为公平地分配气候成本，它们有着不同的实现机会。如前所述，与已经建立的碳排放交易体系相比，欧洲范围内的二氧化碳税仍处于起步阶段。

不同的实现机会

欧盟委员会长期以来一直支持这一改革措施，欧洲议会中的支持比率也占多数。但税收问题必须获得由各成员国代表组成的部长理事会的一致通过。时至今日，这项改革措施因个别成员国的抵制而一直搁浅。

可持续性增长：国内生产总值的未来

延伸阅读:
Felix Ekardt
(2010), Soziale
Gerechtigkeit in der
Klimapolitik, Staat
und Zivilgesellschaft
249, HBS (Hg.),
Düsseldorf.

Konstantin
Bärwaldt u.
a. (2009), Globaler
Emissionshandel—
Lösung für die
Herausforderungen
des Klimawandels?,
FES (Hg.), IPA,
Berlin.

Bärbel Kofler
und Nina Netzer
(Hg.)(2011),
Klimaschutz
und nachhaltiges
Wirtschaften, FES
(Hg.), IPA, Berlin.

Nicholas Stern
(2006), The
Economics of Climate
Change—The Stern
Review, Cambridge.

Hans Joachim
Schellnhuber
u.a. (Hg.)(2010),
Global Sustainability:
A Nobel Cause,
Cambridge.

Severin Fischer u.
a. (2010), EU
2020—Impulse
für die Post-
Lissabonstrategie,
FES (Hg.), IPA,
Berlin.

气候变化及当前的经济和金融市场危机暴露了单向增长模式的危险。可见，以国内生产总值作为社会繁荣唯一标准的模式显然已经过时了。在衡量可持续繁荣时，还必须包括生态和社会标准。

欧盟委员会于 2009 年发布的《国内生产总值及其他：变革世界的进步衡量标准》一文体现了这一思想。文中探讨了几个可持续性指标，并以两个环境指标作为实验版本，评估了欧盟内部和外部的环境污染情况。

总体来说，这些指标可以全面评估成员国内部的环境政策成果，判断欧盟是否将环境污染转移到了世界的其他地区。

另外有一个指标可用来计算欧洲面临贫困或社会边缘化威胁的人数。这个指标成为"欧洲 2020"战略中减贫的主导指标。此外，欧洲统计系统、欧洲统计局网络和成员国统计部门也首次商定了一套综合性的生活质量指标体系，并从现在开始定期收集数据。

从社会民主主义的角度来看，这些进展绝对值得肯定。社会民主主义的基本观点是：社会进步和繁荣不单单是传统意义上的经济增长。

为了能有实际效果，这些想法不能仅停留在指标层面，而应更多地转化为具体的战略目标，例如欧洲经济和就业战略"欧洲2020"。新的"欧洲 2020"战略是"里斯本战略"的续篇。"里斯本战略"单纯以市场自由为导向，而"欧洲 2020"战略则有可能为欧洲未来十年的可持续增长确定发展方向。

以此为基础，完全可能形成欧洲政策的"气候主流化"。我们必须根据对可持续性指标的明确定义，考察欧洲所有政策领域的激励措施，确保它们不违背集体的气候和环境目标。

这些倡议举措的实际执行在很大程度上取决于成员国的改革意

愿。欧洲议会和欧盟委员会多年来一直呼吁采用替代传统国内生产总值的其他衡量方法。然而，由于各成员国的经济战略导向在某些方面存在巨大差异，尚未达成共识。

Hagen Krämer（2009），Wen beglückt das BIP?, FES（Hg.），WISO direkt，Bonn.

Marco Giesselmann u. a.（2013），Alternative Wohlstandsmessung, DIW Wochenbericht 9/2013，Berlin.

第五节　加强外交形象

亨利·基辛格（Henry Kissinger, 1923年生）出生于菲尔特（Fürth），是德裔美籍政治学家和政治家。1973年至1977年间，他担任了美国国务卿，被认为是冷战中美国缓和政策的缔造者。1973年，基辛格获得诺贝尔和平奖。

欧洲的电话号码是多少？

美国前国务卿亨利·基辛格30年前曾问，如果他要与欧洲通话，该打电话到哪里。

他用这个问题表明，欧洲在外交政策问题上缺乏共识和一致的行动力。人们在国际政治体系中没有把欧洲视为一个行为主体。20世纪90年代爆发的巴尔干危机再次揭示了欧洲作为秩序力量的失败，最迟从那时开始，欧盟成员国在努力寻找一个共同的"电话号码"。

共同外交与安全政策的建立实则回应了上述诉求。同时，许多例子也清楚地表明，在接听来电时，各成员国并不总乐意给予2009年设立的外交与安全政策高级代表以优先权。欧洲在伊拉克战争问题上存在意见分歧。科索沃问题或利比亚问题亦表明，欧洲仍然需要外交政策上的努力，才能成为一个真正的行为主体。

"我在：凯瑟琳·阿什顿（Catherine Ashton）"

必须将更统一、更明确定义的欧盟外交形象作为目标。从社会民主主义的角度来看，欧洲外交政策面临的最重要挑战是在世界范围持续有效地实现和平与社会公正。只有这样，欧盟才能在国际体系中成为可信赖的伙伴和行为主体。

欧盟作为世界上最大的一体化经济区，被赋予担负国际责任的厚望。外界期望值越高，欧洲作为行为主体的诉求就越迫切。在民事领域，欧盟属于最活跃的危机管理参与者，但军事领域的合作仍有待加强。

为了在维护全球和平与安全领域担负起责任，欧盟不仅需要拥有民事工具这样的软实力，还需要将军事手段作为万不得已的杀手锏。迄今为止，欧盟一直缺乏这种所谓的硬实力。欧盟的军事力量依靠各成员国的部队。军事一体化不仅意味着欧洲可以更有效地应对危机，也将永久阻止安全政策的"再国家化"。

统一的欧洲军队

从社会民主主义的角度来看，增加欧盟软实力须享有外交政策方面的优先地位。所有欧盟成员国都希望让欧洲在世界舞台上更加耀眼，欧洲公民在这一点上同心同德。

在欧洲一体化的历史进程中，人们一再提出，欧洲不仅应整合经济力量，也应当在军事上作为共同的行为体出现。这种提议多少表达了减少欧洲内部潜在冲突的愿望，希望节省总体的军费支出。

早期尝试：普利文计划

20 世纪 50 年代提出的"普利文计划"（Pleven-Plan）是试图建立欧洲防务政策的第一次实践。今日回看，我们称其为一次提早的尝试。普利文计划提议组建一支由欧洲国防部领导的欧洲军队，该计划以失败告终。当今之欧洲已在许多政策领域达到深度融合，建立共同防务政策的基础条件已大为改善。

《里斯本条约》首次为成员国提供了制定共同防务政策的条约基础。此外，欧洲防务署应当担负起协调成员国军备政策的任务。

统一的欧洲军队设想

组建欧洲军队的讨论在此背景下持续了多年。这一欧洲外交政策的长期目标包括：

- 建立欧洲联合总部，服务于民用和军事，体现欧洲危机管理的综合特征；
- 合并或部分合并成员国的国防军事力量；

- 建立欧洲国防部；

- 全欧洲的国防装备市场。

各国军事力量的欧洲化有助于节省资源，避免不必要的重复，特别是在物料方面。除了这些经济益处，欧洲军队的建立将创造很强的身份认同感。成员国需要就高度敏感的问题共同作出决定，并以一种声音发言。对外共同的战略亮相能够产生内部的共鸣。

加强身份认同感

从长远来看，共同安全与防务政策将影响成员国的政治文化，使欧洲成为更加明确的命运共同体，并持续提升欧洲的团结感。

组建欧洲军队的每项倡议举措都要争取公民的支持和理解，允许人们参与讨论和规划，这点很重要。公民的支持是欧洲军队民主合法化的重要基本前提。

实现机会

组建欧洲军队的机会到底如何？这项提议的实施意味着要全面革新国防政策，须对欧洲层面的军事行动作长期的决策。欧盟及其外交与安全政策高级代表掌握预算支配权，负责军队装备和能力培养，以及欧洲军队的行动执行。欧盟成员国应就欧洲安全与防务政策的优先事项达成最终的共识。

虽然障碍重重，但欧洲军队计划拥有很多支持者。最大的障碍就是成员国本身。

德国近年来支持组建欧洲军队的坚挺力量消失了。只有社民党和绿党呼吁在国防政策方面有深层次的一体化。

除德国外，军事力量较强的法国和英国不支持欧洲军队计划，不能接受丧失对本国部队的指挥权。但它们的军事力量对建立这样一支军队而言必不可少。

较小的国家（例如卢森堡或比利时）对建立欧洲军队的态度恰恰与大国截然相反。它们能得到节省军备开支带来的益处，同时又

延伸阅读：
Christos Katsioulis u. a.（2009），Eine Zukunftsagenda für die ESVP，FES（Hg.），IPA，Berlin.

Christos Katsioulis u. a.（2010），European Union Security and Defence White Paper. A Proposal，FES（Hg.），IPA，Berlin.

Kempin，Ronja u. a.（2011），Strategische Ambivalenz überwinden：Szenarien für die Weiterentwicklung der Gemeinsamen Sicherheits- und Verteidigungspolitik，in：Annegret Bendiek u. a.（Hg.），Entwicklungsperspektiven der EU，SWP-Studie 2011/S 18，Juli 2011，S.70—80.

FES，Arbeitskreis internationale Sicherheitspolitik（2012），Ein Kompass für die GSVP，Berlin.

Claudia Major
（2012），Viele
europäische
Soldaten，aber keine
europäische Armee，
Genshagener Papiere
Nr. 10, Genshagen.

提高了自身的安全保障。这些国家及瑞典和芬兰是目前欧洲军队的最大拥护者。

《里斯本条约》是成员国之间在安全和防务政策领域开展更紧密合作的良好起点，可充分运用"永久结构性合作"的工具。即使各成员国就欧洲军队问题并未达成共识，该条款仍为希望加速国防合作的成员国提供了一个选择方案。该倡议的复兴将加强欧盟的外交与安全政策形象，表明欧洲人为和平与安全而共同努力的共同意愿。

欧盟扩大政策：关于土耳其入盟的讨论

欧盟的边界在哪里？

欧洲外交政策的另一个重要议题是欧盟的扩大政策。欧盟经历了六轮扩大后，已由最初的六个创始国增加到 28 个成员国。新的候选国（马其顿和土耳其）已经准备就绪。但是欧盟的边界在哪里？

这个问题的回答不仅让政治家犯难，欧洲问题专家和学者对此的观点也截然不同。自 2005 年 10 月与土耳其开启入盟谈判以来，频频引发关于边界问题的激烈争论。

土耳其的入盟尝试：
- 1959 年土耳其申请成为欧洲经济共同体成员；
- 1963 年欧洲经济共同体与土耳其缔结协议；
- 1962 年土耳其加入西欧联盟；
- 1996 年土耳其和欧盟建立关税同盟；
- 1999 年土耳其被列为候选国；
- 2005 年开始入盟谈判。

支持和反对入盟的论据

反对土耳其加入欧盟的一方常常用土耳其的规模、地理位置以及土耳其与欧洲的文化和宗教差异作为论述依据。

支持者则着眼于内部市场扩张的经济效益，以及安全与能源政策利益。加入欧盟后的土耳其可以为巴尔干、高加索和中东周边地区的稳定做出重要贡献。中期来看，土耳其将成为石油和天然气供应（例如来自土库曼斯坦、西伯利亚和伊朗的石油和天然气供应）最重要的分配点（Seufert 2002）。而且入盟后的民主土耳其也将成为其他伊斯兰国家的榜样和桥梁。

欧盟已经在1993年确立了入盟标准，每个新的加入欧盟申请都要以此标准为基础。如果一国的入盟资格申请获得通过并且被接受为候选国，则将根据哥本哈根标准开启入盟谈判。

欧盟的加入标准

候选国必须在加入欧盟的过程中达到各项标准。最后一条哥本哈根标准要求欧盟也必须有接收新成员国的能力，因为新成员会影响欧盟的内部结构。然而，候选国家对此条款无法施加任何影响。

欧盟准备好接收新成员国了吗？

哥本哈根标准（1993年）：

1. 政治标准
- 民主和法治国家的基本制度；
- 尊重人权和公民权利；
- 尊重和保护少数群体。

2. 经济标准
- 有效运作的市场经济；
- 能够承受欧盟内部市场中的竞争压力和市场力量。

3. 欧盟标准
- 能够采用欧洲的"共同体法律总汇"；
- 愿意支持政治、经济和货币联盟目标的实现；
- 欧盟有能力接收一个新的国家。

是否同意土耳其加入欧盟的决定最终仍是一个政治问题。争论之所以如此激烈，主要是因为它涉及欧盟身份和未来发展相关的关键问题。单单"欧洲到底是什么"的定义就已经是一种选项，对此可以有不同的选择。

欧洲是否具有基督教—犹太教的特征？欧洲历史不就是一部犹太教和基督教信仰两者的分裂史吗？难道欧洲历史和文化中找不到许多穆斯林的影响痕迹吗，例如摩尔人对伊比利亚半岛的百年

基督教—犹太教的欧洲？

统治？

　　对欧洲身份的任何定义最终都属于政治行为，不能以准自然、文化或宗教起源来解释。但可以肯定的是，它促进了对国家概念的世俗解读，这恰恰是欧洲民主传统的成就之一。只要与自由权利不相抵触，就可以对宗教给予最大程度的容忍。

　　这也是托马斯·迈尔在他的《欧洲的身份意识》一书中的核心论点之一：

延伸阅读：
Thomas Meyer（2004），Die Identität Europas，Frankfurt am Main.

Cäcilie Schildberg（2010），Politische Identität und Soziales Europa—Parteikonzeptionen und Bürgereinstellungen in Deutschland，Großbritannien und Polen，Wiesbaden.

Gisela Müller-Brandeck-Bocquet（2006），Überlastet ein Türkei-Beitritt die EU?，Dossier der Bundeszentrale für politische Bildung，Bonn.

> 　　现代欧洲身份意识的组成不是民族、宗教或文化的属性，而是在公共生活中处理宗教、宗教形式和文化的方式。欧洲的思想基于教会和国家的分离、宗教和教派的相互容忍、对非宗教世界观的尊重、对人权的保护，以及不论公民宗教信仰所给予的公民权。因此，欧洲文化首先是一种与文化打交道的政治文化，而不是对个别宗教、文化和世界观的特殊价值的信仰。（Meyer 2004：228—229）

延伸思考

　　您如何权衡支持或反对土耳其加入欧盟的论点？您眼中的欧洲身份认同究竟是怎样的？请就您的抉择说明理由。

第五章 政党的欧洲政策纲领比较

约亨·达姆

基本纲领在日常政治生活中并未发挥明显作用。在媒体上，关于人员、事件和联盟、个人提案和战术问题的辩论占主导地位。尽管如此，有三点体现了基本纲领的重要性。首先，它们描述了政党的自我理解；其次，它们为参与其中的人提供了一个定位；最后，它们是具体行动的评估标准（参见 Krell 2008：57—59）。

基本纲领的意义

本章比较了德国基督教民主联盟（CDU，简称"基民盟"）、德国自由民主党（FDP，简称"自民党"）、德国社会民主党（SPD，简称"社民党"），联盟 90/绿党（Bündnis 90/Die Grünen）和左翼党（Die Linke）的基本纲领在欧洲政策立核心场上的区别。在基本纲领未提供解决方案的地方，书中使用了 2009 年欧洲议会选举纲领。①

补充：2009 年欧洲议会选举纲领

第一节 基民盟

2007 年，基民盟出台了新的基本纲领，其标题是"安全与自由，德国的原则"。在《承担德国责任和代表其利益》一章中，基民盟以"欧洲，德国的机会"为题谈到其欧洲政策思想。

---

① 截至发稿时，尚无 2014 年欧洲议会选举的竞选纲领。

概述

基民盟描绘了一个正面积极的欧洲形象，将欧洲统一描述为"这一大陆上最大的政治成功"，称这一过程结出的硕果为"自由、和平与繁荣"（CDU 2007：97）或"和平、繁荣与安全"（CDU 2007：98）。基民盟将自己视作"德国的欧洲政党"（CDU 2007：97）。

基民盟将欧洲视为"文化和价值共同体"。对基民盟而言，"人类的基督徒形象"（CDU 2007：97）是欧洲遗产的一部分，同时也是"塑造欧洲共同未来的基础"（CDU 2007：97）。基民盟早先有要求，希望在《欧洲联盟基本权利宪章》中加入对上帝的引用要求（CDU 2007：99），最终无果。

民主

基民盟致力于加强欧洲议会。欧洲议会和欧盟委员会应"在两院制的意义上"平等参与欧洲立法。此外，欧盟委员会主席应由欧洲议会选举产生。基民盟提倡制定个性化的欧洲选举法。比如，在欧洲宣传工作上，各欧洲党派需要"更强的个性化"（CDU 2007：99）。

和平

从基民盟的角度来看，欧盟的共同外交与安全政策应"嵌入到包括能源和原材料安全在内的一体化安全战略中"（CDU 2007：103）。对基民盟而言，发展合作问题也是"我们对安全的广义理解中不可或缺的一部分"（CDU 2007：104）。

根据欧洲在建立区域和平秩序方面的经验，基民盟认为欧盟对世界其他地区是具有吸引力的伙伴。但是，它也赞成欧盟具备"自己采取军事行动的可能性"（CDU 2007：104），并提倡"将欧洲共同武装力量作为长期目标"（CDU 2009：9）。基民盟拒绝土耳其加入欧盟。

社会平等

基民盟在其基本纲领的前几页上将欧洲描述为"在和平与自由中团结，具备强大的社会福利型经济，准备承担更多全球责任"（CDU 2007：3）。

参照：社会市场经济

在描述欧洲的章节中，它将"社会福利"与"社会市场经济"联系起来使用①，还向欧盟建议这一经济和社会模式。在这个框架中，社会福利领域将确定"最低标准"，"以促进公平竞争，但同时限制欧盟内部的竞争差距，且不会过度要求任何成员国"（CDU 2007：104）。基民盟没有在欧洲这一主题下提出雇员权利这一议题。

繁荣

对基民盟而言，社会市场经济是发展繁荣的关键。基民盟将欧盟视为"一种成功的模式，它允许市场开放和竞争为所有人的利益而运作，同时保持国家身份认同并考虑到法律、社会和生态标准"（CDU 2007：51）。

基督教民主主义者致力于进一步扩大内部市场，但其利益"不得因过度监管而减少"（CDU 2007：102）。从经济意义上讲，基民盟认为欧洲是应对全球化的答案，"因为它使我们在国际竞争中变得强大"（CDU 2007：102）。它强调了"全球竞争力"的必要性（CDU 2007：102），并认为欧盟面临着"保持其在世界市场上的地位"的挑战（CDU 2007：102）。

基民盟的基本纲领或竞选纲领均未提到建立经济政府或公司税统一化的想法。联盟党（基民盟／基社盟）拒绝征收欧盟税作为欧

---

① 参见基民盟和其他党派对福利国家的理解，请参见《社会福利国家与社会民主主义》第六章及《经济与社会民主主义》第三章第二节中"社会市场经济"的定义。

盟自身的资金来源（CDU 2007：98；CDU 2009：9）。

可持续性

作为对社会市场经济理解的一部分，基民盟不仅主张环境领域的社会标准，还倡导最低标准（CDU 2007：102）。它将欧盟视为应对气候变化挑战的"最佳答案"（CDU 2007：98）。在可持续性方面，基民盟主要以能源安全问题为主题。这些问题又反过来主要和外交与安全政策问题联系在一起。

第二节　自民党

自民党于 2012 年 4 月 22 日在卡尔斯鲁厄出台了新的基本纲领，其标题是"自由的责任：自民党关于开放的公民社会的卡尔斯鲁厄自由论纲"。101 条论纲对自民党的基本政治理念进行了说明。

概述

自民党将第 89—101 条论纲的标题定为"为了世界上一个自由的欧洲"，其中描述了自民党的外交和欧洲政策准则。自民党积极致力于欧洲，它提出，对于自由主义者而言，欧洲是我们文化认同的一部分，是对我们自由的保证，同时也是在全球竞争中生存的必要条件（FDP 2012：92）。

自民党对欧盟迄今为止的发展给予了非常积极的评价，并制定了其未来的发展目标："发展最终应形成一个由成员国合法公投而来的欧洲联邦国家。"（FDP 2012：95）

自民党将这一愿景与强调辅助性原则相结合。此外，它还建议引入欧洲辅助性原则法院（FDP 2012：96）。

在 2009 年竞选纲领的序言中，自民党谈到"力量来自关注最基本的要素"（FDP 2009：2），其后作了如下具体说明："欧盟的核心任务是通过最低限度的立法来确保市场的运作能力，确保立法不会……对经济造成负担。"（FDP 2009：9）

民主

自民党赞同《里斯本条约》，并进一步支持出台欧盟宪法。它呼吁加强欧洲议会和各国议会。具体来说，它支持欧洲议会的立法倡议权、欧洲议会选举法的欧洲化、跨国候选人名单和欧盟委员会主席的直接选举（FDP 2012：96）。

加强议会

和平

自民党支持进一步发展欧盟共同安全与防务政策，以"加强一个欧洲的愿景，来共同承担和平、自由与安全的责任"（FDP 2012：98）。最重要的是，它主张建立更强大的网络——"欧盟对外始终用一个声音说话"（FDP 2012：95），以及建立欧洲联合军事力量（FPD 2012：96）。

"始终用一个声音说话"

关于欧盟的扩大，自民党表示："欧盟保持开放。我们把欧盟的扩大看作是一个巨大机会，前提是候选国家有资格加入且欧盟有能力接收。"（FDP 2012：94）

社会平等

在 2009 年的竞选纲领中，自民党在"欧洲社会"一章中提出"欧洲应该实现什么"这一问题，并支持建立"基于市场经济的社会福利欧洲"。自民党在该领域的核心概念也是"社会市场经济"，并结合了以下陈述："能够创造就业的，便是社会福利的。"（FDP 2009：14）

自民党拒绝社会政策的集中化。例如，它从自身的观点出发援

参照：社会市场经济

引了欧盟反歧视指令的失败，并得出结论："在欧盟一级提出善意的改进建议很快会导致专制和平均主义，特别是在社会政策方面。"（FDP 2009：14）自民党在 2009 年的竞选纲领中未提及雇员权利。基本纲领中，"共同决定"一词仅在标题中被提到一次，但在下文未再提及。自民党在这里也主要是针对"社会市场经济"一词及其解释（FDP 2012：95，78—89）。

繁荣

担心对市场经济进行限制

自民党在其基本纲领中支持"更大程度地协调经济、环境、金融和货币政策"。对自民党来说，这里也涵盖全面的单一市场。在其 2009 年的竞选纲领中，自民党担心有人"试图对欧洲的自由市场经济进行限制"（FDP 2009：9）。

自民党拒绝接受任何形式的经济政府以及欧盟税收（FDP 2009：8）。它没有提及统一公司税的问题。

可持续性

"控制官僚程序"

自民党基本纲领在谈及可持续性时，联系了欧盟农业政策的新走向。该党派在其 2009 年的竞选纲领中将欧盟的高环境标准看作一大成功。同一条款中，自民党还主张欧盟应"显著降低法规密度"，并在其后使用"控制官僚程序"这一标语（FDP 2009：18）。其竞选纲领关于可持续性的核心声明是："自民党希望欧洲的环境政策能更为注重市场，并强调自我责任。"（FDP 2009：18）

第三节　社民党

社民党于 2007 年在汉堡发布其基本纲领，并为讨论欧洲的章节取名为"社会福利和民主的欧洲"。

概述

社民党描绘了正面的欧洲形象。《汉堡纲领》的第二段就表达了对欧洲所寄予的厚望："社会福利化的欧洲必须成为我们应对全球化的答案。"（SPD 2007: 5 ）。

社民党认为欧洲是一个"和平工程"，也是"民主与社会价值共同体"，它将"经济进步、社会平等和个人自由"结合在一起（SPD 2007: 26 ）。

欧洲：应对全球化的答案

民主

社会民主党人希望"勇于进一步加强欧洲民主"。相应地，他们也希望加强欧洲议会。例如，社民党支持欧洲议会的立法倡议权，还要求欧洲议会选举欧盟委员会主席。社民党强调，"欧洲的民主需要欧洲的公众"，并希望通过欧洲社会民主党的进一步发展为此做出贡献（SPD 2007: 27 ）。

"勇于加强欧洲民主"

和平

社民党将欧洲视为"和平力量"，其优势在于"外交、对话和对民主与人权的支持，以及通过援助支持冲突地区的经济发展"（SPD 2007: 30 ）。

同时，社民党要求成员国的军队更加紧密地合作，长远来看，应"建立一支欧洲军队，其部署必须通过议会来获得合法化"（SPD 2007: 30 ）。社民党强烈支持土耳其加入欧盟。

欧洲作为"和平力量"

社会平等

"社会福利的欧洲"在社民党的欧洲政治纲领中占据中心地位。社民党要求："除了经济和货币联盟之外，欧洲社会联盟也必须享有

参照：社会福利的欧洲

同等地位。"（SPD 2007：28）此外，社民党支持欧洲稳定条约、跨国共同决定机制、加强劳资谈判自主权和免费获得优质的公共服务（SPD 2007：29）。

繁荣

更多协调

社会民主党人倡导"以增长和就业为导向，对经济、金融和货币政策进行协调"（SPD 2007：28）。在企业税方面，他们呼吁在整个欧洲实行最低税率和统一的课税基础。

德国社民党在其欧洲议会选举竞选纲领中强调："欧洲内部市场上的经济合作与贸易在欧洲人民日益增加的财富中也起着决定性的作用。"（SPD 2009：1）社民党努力确保欧洲建立自己长期的收入来源（SPD 2009：7）。

可持续性

市场失灵

社民党对此问题的核心思想是："在民族国家未为市场设置社会福利和生态框架的情况下，欧盟必须去做。"（SPD 2007：26）

为此，社民党主张制定雄心勃勃的欧盟环境政策。社民党的中心提案是制定"将经济、就业和环境融为一体的生态工业政策"（SPD 2007：10）。社民党支持建立欧盟能源外交政策。在欧洲内部，它支持逐步淘汰核能，转而采用可再生能源。

第四节　联盟 90/ 绿党

绿党的基本纲领"绿色未来"可以追溯到 2002 年。它是迄今为止涉及范围最为广泛的基本纲领。绿党基本纲领中有关其欧洲政策立场的章节题目是"启程前往欧洲和共同世界"。

概述

绿党也认为欧洲一体化是成功之举，称其为"难得的和平与繁荣时期"（B90/Die Grünen 2002：144）。其对欧洲的目标是建立一个"民主、可持续和团结的欧洲，并在内部和外部成为社会公正和生态政策的代表"（B90/Die Grünen 2002：144）。对于绿党来说，欧洲也是应对全球化的答案。绿党强调："民族国家不能独自塑造全球化。"（B90/Die Grünen 2002：143）

欧洲的成功

民主

绿党在 2002 年的基本纲领中要求制定一部欧盟宪法来解决欧洲民主缺乏的问题。从绿党的角度来看，应该通过直接选举或欧洲议会选举，使欧盟委员会主席一职得到合法化（B90/Die Grünen 2002：153）。在 2009 年的欧洲议会选举纲领中，绿党表示支持《里斯本条约》，并再次要求加强欧洲议会（B90/Die Grünen 2009：22，132）。

整整 170 页的竞选纲领中，绿党在《用隐私印章提高安全性》和《在欧盟引入合理的打击毒品政策》两章之间的八行文字里提出了对欧洲议会立法倡议权的要求。

加强议会

和平

对绿党来说，和平是欧洲一体化的重要动机。他们认为："欧洲有机会确保该大陆上的持久和平，并为世界和平做出重大贡献。"（B90/Die Grünen 2002：144）

绿党为制定欧洲和平政策提出了各种建议。例如，他们建议建立一个欧洲和平机构或设立欧洲"和平民事服务机构"（B90/Die Grünen 2009：162—165）。

原则上，绿党呼吁"减少军事潜力"（B90/Die Grünen 2002：16），例如，其竞选纲领表示："欧盟不应成为保障资源的帝国军事

机会：持久和平

力量，而应继续作为民事力量而存在。"（B90/Die Grünen 2009：163）

"重新评估军队"

然而，绿党同时也提出"对军队进行重新评估"，这条提议来自大多数成员的努力（B90/Die Grünen 2009：149）。虽然竞选纲领没有提出建立欧洲军队的想法，但基本纲领提到希望"将军事联盟和国家军队整合入全欧洲的秩序中"，且欧盟应该为"支持联合国行动"做好准备（B90/Die Grünen 2002：159，160）。绿党"支持土耳其走向欧盟"（B90/Die Grünen 2009：149）。

社会平等

平等的社会权利

绿党在其基本纲领中要求："社会价值和环境保护应与经济关切并驾齐驱。"（B90/Die Grünen 2002：157）

他们还在竞选纲领中呼吁达成社会契约，将社会权利纳入《欧盟基本权利宪章》，确定最低工资，加强欧洲企业职工委员会，并设立欧洲失业保险（B90/Die Grünen 2009：75—86）。

繁荣

参照："新政"

为了确保未来的繁荣，绿党赞成实施"新政"。其重要的组成部分是"集中的社会生态投资计划"，旨在为欧洲提供新的发展动力（B90/Die Grünen 2009：97）。

绿党希望加强经济一体化，因为对他们而言，"只有在成员国的经济政策紧密协调的情况下，一种共同货币才能长期运作"（B90/Die Grünen 2009：102）。但绿党也强调，只有当政治调控也在同一水平上起效时，这点才会成功（B90/Die Grünen 2009：102）。

绿党赞成设置欧洲金融营业税，该税应直接纳入欧盟预算（B90/Die Grünen 2009：103）。

可持续性

绿党的核心议题

环保显然是绿党的核心议题。他们在基本纲领中针对欧洲问题发声："气候保护、资源节约和环境兼容性的共同法规必须成为所有政策领域的标准。"（B90/Die Grünen 2002：157）环境、能源和气候问题在其竞选纲领中也占据核心位置。绿党把自己看作"气候保护和可持续能源政策的先驱"（B90/Die Grünen 2009：2）。

此外，他们还要求欧盟在国际气候保护中发挥先锋作用，改善排放权交易，加强可再生能源和提高能效（B90/Die Grünen 2009：29—45）。

第五节　左翼党

由劳动与社会公正党（WASG）和民主社会主义党（PDS）合并而来的左翼党于 2011 年 10 月 23 日在埃尔福特发布其基本纲领，随后通过书面意见征询，对纲领予以确认。它取代了 2007 年 3 月以来的"建党纲领文件"。

2011 年的基本纲领

左翼党的纲领共有五章。在序言之后，左翼党纲领首先讲述了党派的发展历史。第二章专门讨论"资本主义危机"，第三章则阐述了"21 世纪的民主社会主义"，第五章讨论战略问题。其中第四章中讲述了"左翼改革计划——社会转型的步骤"。第四章包括"我们希望如何从根本上重塑欧盟？民主、福利国家、生态与和平"（第 66—68 页）主题的内容。

概述

左翼党主要批评欧盟。与其他党派不同，左翼党开篇并未将欧盟描述为一个计划或理念，而是指出，"对于左翼党而言，欧盟是一个不可或缺的政治层面"（Die Linke 2011：66）。尽管纲领中不乏对欧盟成就的赞扬之词（"它的创建确保了欧盟成员国之间的和平"），但也将欧盟描述为"新自由主义变革的发动机"（Die Linke 2011：20）。

"自由主义变革的发动机"

结论是："欧盟需要从头开始，全面修订其军事、非民主和新自由的基本法要素。"（Die Linke 2011：6）

民主

左翼党称："我们希望欧盟拥有强大的欧洲议会，在所有欧洲机构中具有透明决策程序，并有更多的公民直接参政。"（Die Linke 2011：67）

它一方面主张欧洲议会具有独立的立法倡议权，另一方面又主张扩大国家和地区议会的控制权和参与权（Die Linke 2011：46）。此外，左翼党呼吁就欧盟条约进行强制性公投（Die Linke 2011：46—47）。左翼党将"创立对民族国家预算的干预权"描述为对欧洲民主的威胁（Die Linke 2011：66）。

根据该党 2009 年的竞选纲领，欧盟委员会和欧盟委员会主席应由欧洲议会选举产生（Die Linke 2009：16）。该党拒绝承认《里斯本条约》（Die Linke 2011：66）。

和平

左翼党将其对欧洲外交政策的愿景描述如下："我们希望建立一个和平的欧盟，依照《联合国宪章》排斥战争，结构上没有侵略性，不具备大规模杀伤性武器，既放弃扩大军事力量，又不具备全球军事行动能力，也不参与全球军事行动。"

左翼党对欧盟的政策看法如下："欧盟正在日益积极地参与全球就权力、影响力和自然资源的争夺，试图逐步提升其地位。美国、北约和欧盟的领导力量再次将包括预防性侵略战争在内的战争视为可行的政治手段。"（Die Linke，2011：26）

因此，左翼党指责欧盟及其成员国"分裂南斯拉夫"和"侵略阿富汗和伊拉克"（Die Linke 2011：26）。该党派 2009 年的竞选纲领

对欧盟提出指控："欧盟的政策越来越倾向于以帝国主义的方式贯彻资本利益。"（Die Linke 2009：23）

社会平等

捍卫福利国家

左翼党在 2009 年的竞选纲领中分析道，欧盟的经济、社会和环境政策是由"企业集团、银行和金融基金的利益追逐"决定的（Die Linke 2009：6）。它呼吁"恢复、维护和进一步发展福利国家，就像成员国在资本与劳工之争中所建立的福利国家"（Die Linke 2009：12）。

"我们希望……"

该党派在基本纲领的一个段落中制定了一个积极的目标，该段落连续用了 12 个"我们希望"作为句子开头："我们希望建立一个没有排斥和贫穷的欧盟，一个确保所有人获得有良好报酬和社会保障的工作以及有尊严生活的欧盟。"（Die Linke 2011：67）具体来说，左翼党主张制定社会进步条款。

繁荣

取代《稳定与增长公约》

左翼党要求针对企业利润制定欧盟范围适用的最低税率，呼吁更多的公共投资并希望以"可持续发展、充分就业、社会保障和环境保护公约"取代《稳定与增长公约》（Die Linke 2011：67）。

"体制变革"

左翼党的一大特点是要求欧盟的法律基础应在"经济政策上保持中立"（Die Linke 2011：67），这让人联想到该党在基本纲领中表示应进一步支持"体制变革"（Die Linke 2011：5），这一观点是对资本主义的明确拒绝，但未清楚给出替代方案。

左翼党在 2009 年的竞选纲领中还呼吁实施金融交易税和扩大欧盟在税收领域的能力（Die Linke 2009：9）。

可持续性

兼顾环境保护

如上所述，左翼党要求欧盟签署一项新的公约，以代替《稳定与增长公约》，并将环境保护也纳入公约范围。在欧洲议会选举的竞选纲领中，该党具体主张，应将能源系统转换为可再生能源系统，并提高能源效率（Die Linke 2009：12）。他们认为，排放权交易作为应对气候变化的手段已经失灵。左翼党的结论是："气候保护绝不能留给一个以利益为导向、不民主和容易发生危机的市场。"（Die Linke 2009：12）因此，它主张"在能源产业采取彻底的监管干预措施"，并制定"生态加权的能源税和资源税"（Die Linke 2009：13）。

第六节　总　结

如果按照欧洲政策五项原则来比较各党派的纲领，这五个党派似乎都属于亲欧一派。只有左翼党的根本性批评并不符合欧盟的当前状况。

在议题权重和表述方式上，各党派对未来将如何塑造欧洲有着不同的看法。

关于欧盟的民主塑造上的立场和外交政策问题方面，基民盟、联盟90/绿党、社民党和自民党之间存在大量交集。左翼党则给出了另外一幅图景。尽管它对欧盟民主化提出了要求，但其纲领却建立在对欧盟的指责之上。

民主：大量交集

有关在社会平等、繁荣和可持续性原则上如何塑造欧盟，各党派纲领的界限呈现出差异。

基民盟和自民党：
欧盟作为经济联盟

自民党和基民盟属于一派，它们的建议主要反映了两党将欧盟作为经济联盟的思想，两者都在概念上将其与社会市场经济联系在一起。但是，自民党对社会市场经济的理解更具有市场导向，如以下引述所示："欧盟的核心任务是通过最低限度的立法来确保市场的功能性。"（FDP 2009：9）

自民党、联盟 90/ 绿党和左翼党则看到了与社会平等和可持续性相关的繁荣发展问题。

与基民盟和自民党不同，上述三个党派还将雇员权利作为议题，并支持建立欧洲层面的经济政府。如何将这些当前的政治立场纳入历史上德国对欧洲的辩论？其他国家又如何讨论欧洲政策？下一章将重点介绍这两方面的内容。

第六章　欧洲辩论：德国、英国、法国、波兰和希腊

克里斯蒂安·克雷尔　塞西里·希尔德伯格　卡奇·巴里 [1]

其他国家如何讨论欧洲政策？深究这个问题的人，都会对结果感到惊讶。例如，英国是最热衷于探讨欧洲政策的国家。英国人常常说"整体"。然而在欧洲政策辩论中，谈及英国的未来时，英国却局限于自身。欧洲政策问题已经终结了几位英国首相的职业生涯。人们强烈反对加入欧元区，并一再认真讨论脱欧的问题。

在法国，人们也能一再听到有关欧洲未来的激烈辩论。他们联系这个"伟大国度"的独特历史，讨论在不放弃太多国家主权的情况下可以塑造怎样的欧洲。同时，法国在历史发展的某些阶段大力倡导欧洲统一。它是欧洲共同体的创始国之一，并提出了许多欧洲政策倡议。法国很早就表示支持欧洲共同货币。

德国关于欧洲政策的讨论通常更为理智和冷静。几十年来，德国一直是人们眼中的欧洲榜样学生，致力于进一步推动欧洲一体化进程。国民对欧洲一体化的支持率很高。德国同意加入欧元区，同样是出于深化政治一体化的考虑。德国目前有关欧洲的辩论意见更加针锋相对，对一体化的支持也不再像 20 世纪 90 年代初那样广泛，并且在德国已经出现了一个明显的疑欧主义政党。

自 1989 年和平革命以来，波兰摆脱了苏维埃统治，除 2005 年

---

[1]　德国、英国和法国的内容参见 Krell（2009），波兰情况参见 Schildberg（2010），希腊情况参见 Katsioulis und Katsioulis（2013）。

至 2007 年，波兰在欧盟问题上一直保持着政策上的连续性。政府的多次政权交替，特别是 20 世纪 90 年代后共产主义者与团结工会代表之间的政权交替，并没有撼动波兰融入西方的广泛共识，也没有改变快速加入欧盟的决心及其对欧盟的高度认可。民众对欧洲的支持一直以来都保持高位。

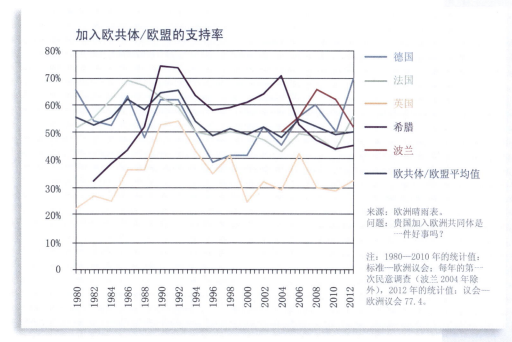

图 6.1　加入欧共体 / 欧盟的支持率

自 1981 年加入欧盟至 2010 年，希腊一直是对欧洲充满热情的国家之一。然而，所谓的欧元危机，与"三驾马车"（欧盟委员会、欧洲中央银行和国际货币基金组织）就紧缩方案和最终紧缩路线及经济产出下滑的谈判，这些事件长久地改变了希腊的论调。虽然支持欧洲的声音仍是主旋律，但对欧洲的批评也得到越来越多人的支持。

在这些基本相似的国家，为什么会对欧洲产生完全不同的评价？究其原因，到底存在哪些不同的利害关系？不同的欧洲政治立场的特点是什么？在那些对欧洲政治感兴趣并致力于此的人看来，弄清这些问题很重要。只有这样，人们才能充分理解一国的欧洲政策导向，进行分类并适当对待。

第一节　德　国

明确的宪法授权

《德意志联邦共和国基本法》的序言已经清楚地表述了这一点：德国人民"愿以统一欧洲中平等一员的身份为世界和平做出贡献"。《德意志联邦共和国基本法》第23条更为明确地表明了德国的这种以欧洲为严格规范导向的外交政策。通过国际比较，我们可以发现，德国的这种态度不同寻常，上文描述的其他国家都不曾这样做。自1949年以来，历任德国政府一直坚定不移地践行这一欧洲政策承诺，致力于这项明确的宪法任务。德意志联邦共和国由此成为"欧洲一体化的火车头"（Wesel 2004：66）。然而，这台发动机如今似乎正在失去速度。

与法国的合作

德国经常呼吁应深化和进一步推动欧洲一体化，并通常会联合法国一同发声。两国在欧洲一体化进程中一次又一次地发挥先锋作用，成为人们口中推动一体化进程的"德法发动机"。

在德国统一的过程中，国内外对德国的欧洲政策是否会有调整的问题意见不一。在国外，特别是法国和英国，人们担心会出现新的德国霸权主义，而德国国内的一些评论家则呼吁应重新建立德国的欧洲政策自信。相对于外界的担心，德国政界很长一段时间以来，始终明确承诺深化欧洲一体化，统一的德国应作为平等成员坚定地参与到欧共体/欧盟中来。

对角色的不同理解

直到2009年欧洲再融资危机出现，这种长期存在的共识才变得脆弱。2011年，当时的联盟党议会党团主席福尔克尔·考德（Volker Kauder）强调德国应在欧洲担任新的领导角色，并评论说"欧洲突然说起了德语"（Kauder 2011：2）。相反，前总理赫尔穆特·施密特在 2011 年的社民党党内大会上告诫说："如果我们德国人被目前国家的经济实力所误导，妄想在欧洲扮演政治领导的角色或至少领头羊的角色，那么就会招致越来越多的邻国反对和反击。欧洲外围地区对一个过于强大的欧洲中心的担忧很快就会重现。这种发展可能导致欧盟畸形生长。而德国则将陷入孤立。庞大而高效的德意志联邦共和国需要的是——这也是为保护我们自己！——融入欧洲一体化中……"（Schmidt 2011）

背景

为什么德国几十年来一直致力于欧洲的一体化？德国的三大利益是问题的答案：维护国家主权，创造稳定的安全政策框架，以出口为导向的德国经济需要销售市场。这三点证明了德国上述立场的合理性。在欧洲的创始阶段，联邦德国通过参与欧洲工程重新获得了国家主权，这一切发生在可怕的二战结束后短短的几年内，发生在同盟国占领的战后德国。而联邦德国加入西方联盟和欧共体，此举也维护了安全政策上的利益。

安全政策方面的考虑也决定了德国高度支持中东欧国家加入欧盟：中东欧地区及与德国部分接壤的国家可以通过这种方式稳定下来。

从经济的角度来看，欧洲统一也符合德国的核心国家利益。共同市场在欧洲一体化初期就已证明对德国经济极为有利，因为它确保了德国工业产品在稳定区域的销售机会。德国外贸仍大部分发生在欧盟中。

迄今为止，德国各届政府根本上都延续了亲欧态度。这可能源于这样一个事实，即迄今为止，欧洲政策问题经常属于政治辩论中的共识。大多数政治家对这些问题态度保持一致，并未从根本上提出质疑。

支持欧洲的基本共识

这还要追溯到德国的政治体制。德国的联邦制结构、政党联合执政的趋势和相互交织的决策过程，使德国具有许多所谓的"否决者"。他们中的每一个，例如政党联合执政政府中的少数派、联邦参议院或相较于世界其他国家极其强大的联邦宪法法院，都可以中止或推翻立法过程。这就是德国在需要广泛支持的决定上经常寻求共识的原因。德国在外交和欧洲政策中经常出现这种情况。

但最近几年的欧洲政策辩论变得更加多元化，能听到不同的声音。在欧洲国家的再融资危机期间，一些小报以民粹主义的论调描写了南欧受苦受难的国家（"破产的希腊人"）。政治领域也不乏这种民粹主义。除了老牌政党之外，对欧洲持明显反对态度的政党"德国选择党"（Alternative für Deutschland）2013年险些进入联邦议院。

尽管如此，民众对欧洲统一的认可度仍然很高。68%的德国人对加入欧盟持支持态度，而只有7%持消极态度。61%的受访者表示德国从成员国身份中受益。这意味着，在欧洲比较中，德国民众对其成员国身份的认可度极高（Eurobarometer 2013b：2）。

第二节　英　国

"欧洲，一个不会消失的问题"是几年前一份英国报纸的头条，它一针见血地反映了英国政治环境中反复出现的欧洲话题。欧洲一体化在英国经常引发激烈的辩论，一体化的反对者和支持者似乎水火不容。

英国最初决定不参与欧洲一体化。温斯顿·丘吉尔（Winston Churchill）在其1946年著名的苏黎世讲话中对欧洲统一的重要性表示欢迎及赞同，但同时强调英国不属于该统一的部分。当时，除了与欧洲大陆的关系外，英国还定义了另外两个利益领域：对美关系及与英联邦的关系。它不想因过多在欧洲发力而损害与其他两个利益集团的关系。

直到 1973 年——英国在政治和经济上失去地位以及欧共体走势喜人时——英国才成为了欧共体的成员。随后的几年中，事实证明，英国是联盟中一位不好打交道的合作伙伴。它的行为处事显示出三个明确的基本方向：拒绝转移主权以实现超国家的一体化，偏爱自由贸易区形式的纯粹经济统一，以及始终致力于欧共体或欧盟的扩大。

1973 年才加入欧共体

英国经常以一种对于欧洲大陆谈判伙伴来说异乎寻常的激烈态度强调上述立场。英国首相玛格丽特·撒切尔（Margaret Thatcher）在 20 世纪 80 年代中期呼吁降低英国支付的欧洲预算份额，就是一个例子。她毫不客气地要求："我想把我的钱要回来。"尽管撒切尔夫人在这点上只取得了有限的成功，但它代表着英国多年来在欧洲合作伙伴心目中的形象。

撒切尔："我想把我的钱要回来"

托尼·布莱尔 1997 年当选英国首相后，英国与欧洲大陆之间建立了更加积极的关系。先前执政的保守党政府通过谈判达成的欧洲条约各种豁免权被废除。保守党首相约翰·梅杰（John Major）曾拒绝《马斯特里赫特条约》的《欧洲社会宪章》，而宪章现在也适用于英国公民。但英国从未认真考虑过加入欧元区。

自从戴维·卡梅伦（David Cameron）领导的保守党—自民党联合政府 2010 年上台以来，英国的欧洲辩论再次变得尖锐。越来越多的保守党议员呼吁英国退出欧盟。但联合政府中有支持一体化的自由党人，他们阻止了保守党人将其对欧洲日益增长的怀疑主义过度体现在英国政府的政策中。

英国保守党也被称为托利党，他们对欧洲的怀疑态度受到英国右翼阵营一个似乎越来越重要的竞争对手——英国独立党（UKIP）的影响。鉴于英国采用多数选举法，英国独立党在未来的选举中不太可能获得大量议席。但他们不断上升的民意调查得分及对欧洲的公开敌视，明显改变了整个欧洲辩论的基调。这种情况下，保守党承诺，如果再次当选，最迟将在2017年举行英国脱欧公投。

背景

英国的立场归结于其特殊利益。与法国不同，英国从欧洲农业政策中获得的利益要少得多。对于主要与英联邦国家进行贸易的英国而言，建立共同市场对它而言并没有对德国那样的吸引力，后者对欧洲邻国有大量的出口。尽管如此，英国一直主张进一步发展欧洲内部市场。在政治一体化方面，英国不同于德国和法国，后者因直接经历两次世界大战而有此诉求，英国从未谋求政治上的一体化。相反，强调国家主权是英国欧洲政策的组成部分。

这些立场也基于英国的政治文化。由于英国的地理位置及独特的历史经验，人们通常将其称为"海岛的特殊意识"。英国人不觉得自己是欧洲大陆的一部分。"他们和我们"（them and us）可以用来解释英国与欧洲大陆之间的关系（参见 Volle 1992：185）。

国家主权比欧洲超国家一体化具有明显的优先地位。英国的政治制度也使得英国与欧洲之间具有更多的差异而非共同点。尽管欧洲的决策机制非常清晰（多数选举法、中央集权的国家结构、本质上的两党制），但欧盟的决策过程通常是复杂、漫长且难以看清的。

> **罗伯特·舒曼**（Robert Schuman，1886—1963年）与让·莫内（参见第35页）一样，是欧洲统一的奠基人之一。舒曼曾任法国总理兼外交部长，后来成为欧洲议会的议长。他的"舒曼计划"为建立欧洲煤钢共同体做了很多准备。

对欧洲认可度低

因此，英国人对欧洲一体化的认可度低也就不足为奇了。只有33%的英国人积极评价欧盟成员国的身份。41%的英国人认为国家从加入欧盟中受益，50%的人持相反的态度。欧洲整体而言，认为有利的百分比为54%，认为不利的占比为37%（Eurobarometer 2013c：2）。

第三节 法 国

"不放弃法国的同时建立欧洲",这是 2002 年利昂内尔·若斯潘(Lionel Jospin)在总统竞选活动中提出的口号。这是一位法国社会党人的声明,同时也可作为法国整个欧洲政策的模板。法国一直试图在不放弃国家主权的情况下尽可能多地实现欧洲一体化。

目标:一体化与独立

有一个主题从一开始就成为法国欧洲政策的核心。几十年内经历了德国的两次袭击之后,人们希望能避免来自德国的任何可能的新威胁。因此,法国谋求德国投身欧洲建设,这同时也成为迈向欧洲统一重要的制度性步骤。

这个时期重要一体化项目的一系列创立者表明了法国在欧洲一体化初期的重要性:例如欧洲煤钢共同体的代表舒曼和莫内、欧洲防务共同体的提出者勒内·普利文(René Pleven)。

有影响力的名字:舒曼、莫内

1958 年夏尔·戴高乐(Charles de Gaulle)成为法国总统后,法国的欧洲政策明显失去活力。他对法兰西民族、国家主权和法国世界大国主张的设想导致法国拒绝了许多欧洲深化发展的项目。

如他通过"空椅政策"(参见第三章第一节)拒绝了欧洲经济共同体的超国家化发展。瓦勒里·吉斯卡尔·德斯坦(Valéry Giscard d'Estaing)和弗朗索瓦·密特朗(François Mitterrand)的当选最终为法国的欧洲政策带来了新的动力。尤其是德斯坦与施密特通过德法两国的紧密合作建立了欧洲理事会。欧洲议会 1979 年进行的首次直接选举也得益于德法两国的密切关系。

密特朗是法兰西第五共和国历史上第一位社会党人总统,他从 1981 年开始致力于推行德法两国的密切合作。在他担任总统期间,法国的欧洲政策取得骄人的成绩,这使他有了"欧洲之父"(père de l'Europe)(Axt 1999:476)的美誉。

密特朗是 1986 年通过《单一欧洲法案》的主要推动力量。他所秉承的信念是，想要欧洲长治久安，就须在经济上和社会福利上同时谋求发展：欧洲必须是社会主义的，否则就不复存在（Mitterrand 1978）。

1989/1990 年德国统一，法德关系受到第一次考验。法国对一个过分强大的德国根深蒂固的恐惧被再次唤醒。然而，法国借助欧洲一体化的深入克服了这些烦恼。随着欧洲一体化程度的加深，人们消除了对德国单独行动的恐惧。接下来的 20 年中，法国始终支持欧洲统一，同时保持了国家自身的身份认同，这成为法国政治的可靠组成部分。

背景

法国对欧洲一体化的支持态度也可以追溯到明确的国家利益。法国除了希望与莱茵河对岸强大的邻国和平相处外，还希望欧洲统一能增强其全球政治影响力。在丧失殖民帝国后及在美苏的制度冲突下，法国只有与其他欧洲国家联合起来，才能影响国际政治进程。

经济利益对法国的欧洲定位也很重要。法国农业在很大程度上受益于欧洲农业政策，欧盟国家在法国对外贸易中的份额超过 60%。

法国的欧洲政策利益定义在很大程度上取决于在任的总统。第五共和国的宪法文本和宪法惯例赋予总统广泛的权力和决策空间。与德国相反，该职位不受区域或联邦制机构参与的限制。

长期以来：高度认可

长期以来，法国对欧洲一体化的认可度远高于欧洲平均水平。国家身份认同、特殊的民族自豪感与对欧洲统一的认可，这三者似乎成功地结合了起来。然而，这种想法在 20 世纪 90 年代初显然幻灭了。

2005 年：欧洲宪法公投失败

1992 年关于《马斯特里赫特条约》的全民公决依靠亲欧的支持者勉强取胜。2005 年，大多数人在全民公决中拒绝了出台欧洲宪法的提议。观察家认为，人们对欧洲统一现有模式有着日益增长的怀疑态度，其原因要归结于欧洲被视为全球化的加速器和放大器这一事实。

上述感受单方面地导致自由化和放松管制，从而引发怀疑和拒绝的态度。右翼民粹主义政客，例如国民阵线党前主席让-玛丽·勒庞（Jean-Marie Le Pen）也从根本上质疑欧盟。他在 2002 年的总统大选中彻头彻尾地妖魔化了欧盟。他的女儿玛丽娜·勒庞（Marine Le Pen），同时是国民阵线党的主席，也对欧洲采取了这种敌对态度。在 2014 年欧洲议会选举前夕，她还呼吁法国退出欧元区。这一立场不容低估，因为国民阵线党是欧洲议会选举前民意调查得票率最高的政党。尽管如此，人们对欧洲持有普遍认可的态度。54% 的法国人认为，加入欧盟对法国是有利的，37% 的人则持相反态度（Eurobarometer 2013d: 2）。在法国的讨论中，如何塑造欧洲这一问题变得越来越具有决定性的意义。

尽管如此，多数人认可欧洲

第四节　波　兰

"我们要重返欧洲大家庭！"（Kwaśniewski 2003）波兰总统亚历山大·克瓦希涅夫斯基（Alexander Kwaśniewski）在 2003 年波兰加入欧盟的全民公决中作出了以上评论。

重返欧洲

1989 年和平革命之后，波兰有机会自由选择其外交和内政的发展方案及方向。"重返欧洲"表达了波兰希望融入西方的坚决态度，是当时非常重要的政治导向。波兰将自身作为中欧历史的一部分，除了历史之外，内政和安全政策及经济动机也发挥了重要作用。

波兰在其自身的民主化努力过程中，与欧盟的政治一体化有望带来稳定社会的效果。通过参与欧洲内部市场，还可能将本国繁荣程度提高至西欧的水平。

此外，波兰加入北约和欧盟符合其安全政策的需求，特别是因为它与白俄罗斯及俄罗斯的紧张关系。

波兰是一个年轻的欧盟成员。2004 年，它与另外九个中东欧和南欧国家一起加入了欧盟。欧盟大成员国中"最年轻"的波兰在加入欧盟后必须首先在欧洲找到自己应当扮演的角色。

有关《里斯本条约》的讨论中就充分体现了这一点，当时波兰试图以挑衅性的要求维护其自身利益。但是，无论是在本国居民中还是在政治上，波兰都高度认可其欧盟成员国的身份。

波兰展示了欧洲一体化模式的成功。从计划经济国家转变为市场经济国家，波兰经历了相当大的经济追赶过程。

在 2009 年的全球金融危机中，波兰是唯一能够实现经济增长的欧盟国家。波兰的积极发展还基于其独立工会运动"团结工会"（Solidarność）坚定的民主价值观，这为 20 世纪 80 年代东部阵营的瓦解奠定了基础。

波兰与欧盟的关系总是对本国历史产生着一定的影响。而波兰历史逃不开大国环绕的地理位置。1791 年第一部欧洲现代宪法出现后，波兰最终还是被普鲁士、俄罗斯帝国和奥地利瓜分。

第一次世界大战后，波兰暂时恢复了独立。当德国和苏联 1939 年进攻波兰第二共和国时，这种独立又遭到终结。根据希特勒与斯大林的秘密条约，波兰再次被瓜分——东部地区被苏联占领，西部地区属于德国占领区。波兰最亲密的盟友——法国和英国推行绥靖政策，犹豫不决，这使波兰感觉自己被盟友所抛弃。

第二次世界大战后，波兰被迫西迁，从而让苏联能够保留在战争初期所占领的领土，其后 40 年间，波兰一直生活在苏联的影响下。

直到 1989 年，波兰才重新获得国家主权。随后，基于广泛的政治和社会共识，波兰积极融入西方（加入北约和欧盟）。但是，尽管这次出于自愿，但再次交出主权权利（即向欧盟移交）仍让波兰百感交集。波兰对民族自决和文化认同的需要与波兰"重返欧洲"并加入欧盟的意愿一样，都能够理解。

波兰即便更替执政党，仍保留了在亲欧政策上的连续性。波兰总理雅罗斯瓦夫·卡钦斯基（Jarostaw Kaczyński）执政时期（2005—2007 年）是一个例外，当时波兰成功实现"重返欧洲"，在欧盟机构中的信心明显增强。"平方根或死亡"的口号要求将尼斯表决程序保留在《里斯本条约》中。

"平方根或死亡"

如果旧表决权发生变化，波兰承诺将与捷克、立陶宛和英国一道，使谈判流产。不久前辞世的波兰总统莱希·卡钦斯基（Lech Kaczyński）（2005—2010 年在任）用否决权威胁其他成员国，意图阻止德国的投票权重增加。

卡钦斯基兄弟属于国家保守党"法律与公正党"。该党一再试图利用波兰历史、对欧洲持怀疑态度的立场和反德国倾向来制造国内政治资本。

但是，卡钦斯基领导的波兰政府与大多数国民在欧洲政策上的观点截然不同。这是雅罗斯瓦夫·卡钦斯基在 2007 年大选中失败并不得不将总理职位移交给自由保守党"公民纲领党"的唐纳德·图斯克（Donald Tusk）的原因之一，后者 2011 年成为第一位再次当选的波兰总理。在欧洲政策上，图斯克表现出明显的合作态度和亲欧风格。2010 年，他因推动《里斯本条约》方面的特殊成就而被称为"令人信服并有坚定信念的欧洲人"，因此获颁查理曼奖。

2007 年投票决定

2011 年下半年，波兰首次担任欧盟轮值主席国。当时，波兰作为轮值主席国的工作有三大重点：欧洲一体化作为增长引擎、安全与防务政策、对欧盟扩大持开放态度。波兰的历史和发展是提出前两个重点的缘由。

背景

波兰希望欧洲机构对欧盟扩大持开发态度，特别是致力于建立"东部伙伴关系"，同时支持阿拉伯国家的民主化进程，这些都体现了波兰对欧洲团结的具体理解。波兰与瑞典一道倡议建立"东部伙伴关系"，它大力倡导东欧国家与欧盟国家的靠近，特别是在白俄罗斯民主化和乌克兰融入欧洲结构方面。同 20 世纪 90 年代的德国一样，波兰感到自己对其东部邻国负有历史责任，它也不想永久留在欧盟的边缘区域。

特点：强势的天主教会

与其他成员国一样，波兰的欧洲政策也追求自己的经济和政治利益。波兰国内政治辩论的氛围和方式表明了波兰政治文化的特点，比如，天主教会继续保持强势地位。

由此人们可以理解为什么保守党在波兰有如此强大的影响力，也能理解为何波兰主教公开呼吁民众积极参与加入欧盟的公投。

天主教会的作用、堕胎或人工授精之类的话题在政治辩论中屡次被提上议事日程，波兰政界也存在一种非常"艰难"的讨论文化，这也不难理解了。亚努仕·帕利科特（Janusz Palikot）领导的第三大政党"你的运动"目前取得成功，该党以自由、进步的反教权主义而获得民众支持。这也折射了波兰历史。波兰加入欧盟后，右翼民粹主义、反欧洲和反德国政党取得成功，这与许多波兰人担心在欧盟失去自决权的想法有关。

波兰政治的另一个重要特征是与美国紧密的外交联系。与德国和法国不同，波兰在伊拉克战争问题上与美国站在一起。

这也充分显示了，美国作为军事上最强的北约成员国，是波兰眼中自身安全最强有力的保证者。在这方面，历史经历尤为重要。

波兰在欧洲一级的利益不仅关乎经济和安全，还取决于当时的政治格局。波兰第三共和国的特征是具有双重的政治领导：由人民直接选举产生的国家总统和由国民议会选举产生的总理。

原则上，这会引发两个可能对波兰的欧洲政策产生影响的格局。如果总统和总理来自同一个政治阵营，那么预期会有一条明确的欧洲政策路线。如果总统和总理来自不同的政治阵营并代表不同的欧洲政策立场，这可能对波兰的欧洲政策造成阻碍。这一问题首次出现在《里斯本条约》上。当时，议会和总理通过了《里斯本条约》，但总统拒绝签署。直到几个月后爱尔兰的全民公决结果支持，波兰总统才准备批准该条约。

因民粹主义和国内政治目的而滥用的欧洲政策主题，既无法真实体现波兰在欧洲政策上的亲欧主基调，也没有反映出波兰大多数民众对欧洲的看法。20世纪90年代，波兰民意调查同意加入欧盟的平均比例约为75%。

这一高支持率主要由于该国在东欧剧变后立即进行了激进的经济改革，而这些改革很少与加入欧盟的进程联系起来。波兰的农民在加入欧盟前属于最大的怀疑论群体之一，他们在加入欧盟后成了欧盟的受益者和支持者。尽管欧洲发生了金融和经济危机，但波兰的经济持续增长，加之欧盟补助的全面基础设施建设措施和自由人员流动，这些因素致使波兰人对欧盟保持稳定的积极态度，支持率高于欧洲平均水平。

近年来，对欧盟的认可度的小幅下降可归因于金融和经济危机，与其他欧盟国家一样，危机也在波兰引发了人们对未来的担忧，尤其体现在民众对引入欧元的支持率下降方面。值得注意的是，大多数波兰人信任欧盟而不是本国政府，认为欧盟才能最为高效地应对欧洲的金融和经济危机。2013年7月的民意调查中，有53%的受访者对欧盟成员国身份有着积极正面的评价，仅有10%的负面评价，而欧盟平均水平分别为50%和17%（Eurobarometer 2013e：37）。

另一特点在于，欧盟特别受到有高等教育或培训背景的年轻人的欢迎。其原因不难理解，毕竟欧洲可以为年轻人提供许多培训机会。同时，年轻一代的历史导向不同于老一代人，在处理诸如与德国等欧洲邻国的关系时，前者的态度更为公正。

尽管有政治宣传，对欧盟的认可度依旧很高

第五节 希 腊

卡奇·巴里

自 2010 年以来，希腊的欧洲辩论几乎完全以危机为主旋律。对公民如此，对精英阶层也是如此。2010 年之前，尤其是自 1981 年成为欧洲共同体的第十个成员国以来，希腊是最热爱欧洲的国家之一。

尽管在 20 世纪 70 年代只有保守派新民主党（Nea Dimokratia）和欧洲共产主义者（KKE esoterikou）致力于希腊加入欧盟，社会主义者泛希腊社会主义运动党（PASOK）对此激烈反对，但很快就不再有任何政党反对欧洲一体化。泛希腊社会主义运动党 1981 年上台时，告别了反欧洲的口号，并逐渐变得（热情地）亲欧。在各亲欧的政党中，唯一的例外是希腊共产党中的"正统"共产主义者。他们继续呼吁反对欧共体，但并不特别好斗。

大多数国民认为，成为民主欧洲的一分子能获得安全感，希腊加入欧盟后将保持政治稳定和民主。

七年的军政府虽然在 1974 年终结，但人们对此仍然记忆犹新。此外，加入欧共体也为希腊带来了农业援助。对一个当时农民总数超过 20% 人口的国家而言，这似乎承诺了整个国家未来的繁荣。

这种亲欧立场或多或少保持了 30 年不变。希腊于 2002 年加入欧元区，此举被视作巨大的成功。日常消费品价格随后的大幅上涨都无法抑制这种欢欣鼓舞的气氛。

相反，希腊几乎没有公开讨论过各种欧洲一体化政策步骤和欧洲条约。议会同意了这些条约，政府做了几乎所有欧盟国家政府所做的事情：将积极的东西视为自己的成功，把消极部分称作"来自布鲁塞尔的命令"，并表示它们无法与之抗衡。

尽管如此，直到最近，人们对"布鲁塞尔"仍然抱有很大的信任，而且日益增长的繁荣也与加入欧盟有关。2010年危机爆发，随之而来的是与欧盟伙伴就救援方案进行谈判。第一轮谈判由总理乔治·帕潘德里欧（Giorgos Papandreou，泛希腊社会主义运动党）主导。由于其实施的严格紧缩政策，他被当时的反对党领袖安东尼·萨马拉斯（Antonis Samaras，新民主党）谴责为叛徒。萨马拉斯提出了另一种分期付款的紧缩方案。

总理提出要对救援政策进行全民公决，之后又放弃了这一计划，帕潘德里欧的政府因此变得摇摇欲坠，并最终垮台。德国总理安格拉·默克尔（Angela Merkel）和当时的法国总统尼古拉·萨科奇（Nicolas Sarkozy）都曾对此提出批评。

全民公决？

泛希腊社会主义运动党、新民主党和右翼民粹主义人民党（LAOS）的联盟组成过渡政府。萨马拉斯放弃制定替代计划：紧缩政策变得更加艰难，失业率激增。

由欧盟委员会、欧洲中央银行和国际货币基金组织组成的所谓"三驾马车"对"债权人"的要求和条件实施控制，它们在一定意义上也算是"占领军"。

对"三驾马车"的感受

2012年夏天的大选过后，新民主党、泛希腊社会主义运动党和偏左翼的民主左翼党（DIMAR）组成新的政府。但后者因抗议突然关闭公共广播而离开了联合政府。

经济衰退加剧，失业率上升至28%，社会贫困扩大。普通民众根本看不到曙光。

失业率：28%

在希腊民众看来，造成这种情况的原因有两个。一方面因为希腊自身的政治制度，尤其是两个"永恒的"执政党，即泛希腊社会主义运动党和新民主党对此负有责任。

谁的责任？

再则，希腊民众认为很大一部分责任应归结于默克尔，是她专制地为希腊人制定了灾难性的紧缩政策路线。执政党的许多政治家都非公开地赞同这种观点。希腊人觉得自己受到了德国政治和德国媒体的羞辱。2013年德国联邦大选，尤其是德国社民党的优秀战绩，使许多希腊人对德国政府的新欧洲政策寄予厚望。

新的多数

危机和紧缩政策之后，希腊的政治多数发生了重大变化。2014年欧洲议会选举（截至2014年1月）的民意调查也体现了这一点。泛希腊社会主义运动党可谓被彻底击碎。新民主党担心自身不再是希腊最强大的政党。左翼激进反对派激进主义联盟（SYRIZA）有很大的机会赢得选举，该党派主张对救援方案重新谈判，建立一个没有紧缩政策的团结一致的欧洲。右翼民粹主义独立希腊人党（ANEL）的民意调查结果约为5%，而右翼极端主义政党"金色黎明"的民意调查结果则接近10%。后者的一半领导团队在2014年1月被拘留调查。他们被指控参与有组织的犯罪团伙。尽管如此，他们仍然可以拿到将近10%的选票，这表明希腊的政治文化在危机、紧缩方案和有关谈判中受到了多么大的损害。

接近半数支持欧盟

无论如何，尽管近几年的支持率已经大大下降，但仍有34%的希腊人认为加入欧盟有利，而不是持相反观点（30%）。73%的绝大多数人认为，团结欧洲人的因素比分裂因素更为重要（Eurobarometer 2013f: 2）。

第七章　延伸思考

有关欧洲的讨论无穷无尽。因此，本章并非总结，而旨在邀请读者一同延伸思考。让我们回到本书开篇的那张图。您还记得当初自己作出的预测吗？读完全书后，您现在又会作出怎样的回应呢？

美国作家史蒂芬·希尔（Steven Hill）2010 年出版了题为"欧洲的承诺：为什么欧洲之路是充满不确定性时代的最大希望"（*Europe's Promise：Why the European Way is the Best Hope in an Insecure Age*）的专著[①]。

我们想用这位作家的观点为全书画上句号。希尔写道，在欧洲的不同角落，他的脑海中一直不断浮现出这样的想法："我看到的每个人，我遇到的所有人，不论年龄、性别、宗教信仰和收入多少，他们若生了病，都有权利就医，获得救治。所有我所看见的人，退休时都能够拿到退休金，老有所依。父母能把孩子送到日托学校或待在家里自己照顾孩子。他们能拿到子女抚养补贴，当他们需要时也能接受培训，享受可支付的综合性教育。……当一天临近尾声时，聪明的欧洲人为他们自己创造了一个令人惊叹的美丽之地，可到目前为止，我们还没有找到如何能在美国也实现这一切的路径。"（Hill 2010：269–270；Übersetzung JD）

---

① 德语名为 "Europas Versprechen. Warum Europas Weg die beste Hoffnung in einer unsicheren Zeit ist"。

关于欧盟的十大认识误区

克里斯蒂安·F. 特里佩（Christian F. Trippe）[①]

1. **布鲁塞尔是莫洛赫神，过于巨大，过于昂贵。** 欧盟 2010 年的开支约为 1 410 亿欧元，即欧盟公民每年人均支出 282 欧元。大多数的协会支出比这更多。

2. **欧盟的官员过多。** 欧盟委员会、部长理事会和欧洲议会共有约 32 500 名员工。慕尼黑市政府的工作人员数量为 33 000 位。

3. **欧盟一无所成。** 只有那些失去了政治尺度和方针的人才会提出这种指责。欧盟内部的旅行无需护照，不设国境线关卡；共同市场；欧元；所有人皆有自由做些什么、不做什么、学习些什么，或者提供些什么。这只不过是欧盟功劳簿的第一页内容。

4. **欧洲绕开其公民。** 难道事实不恰好是反过来的吗？有时候，提出反对意见时需要进行反问。欧洲议会最新几次选举的投票率仅为 43%，布鲁塞尔可不对此负责。

5. **欧盟仅为无人需要的事物制定规则。** 哦对了，灯泡禁令和黄瓜弯曲角度：前者是所有环境政策官员的愿望；后者是蔬菜果农的呼声。

6. **欧盟没有形象代表，也没有发言权。** 实际上，形象代表太多，声音也太多：理事会常务主席、理事会轮值主席、委员会主席，还有外派专员。恰恰对于欧盟这样复杂、文化多元的实体，最高职位需设立按比率任职的机制。

7. **越是情况危急，欧盟越是手足无措。** 阿拉伯人民开始起义时，情况就是这样。事实上，欧盟做了具体的规划，成员国却自行其道，（一再）让欧盟无法成事。

8. **整个架构不民主。** 等一下：欧洲议会遵从直接选举的原则，部长理事会和峰会上坐着的是自由选举产生的政府代表，他们又任命了各自的欧盟委员。因此，委员会这个强大的权力机构也具有衍生的合法性。

9. **欧盟动作迟缓。** 错了，欧盟十分小心谨慎地开展工作，坚持不懈地努力达成共识。谁愿意鲁莽地作出具有巨大影响力的决定，不论涉及的是乘用车二氧化碳减排，还是发电和供电网络的分离，抑或是欧洲范围内的数据保护？

10. **邦联还是联邦——欧盟没有对自我正确的定义，也没有目标。** 欧盟也的确不需要，因为它对未来发展保持着开放的态度。现在的欧盟驯服了往昔让欧洲自我毁灭的幽灵。这已经是一个很好的开始。

[①] 首次发表于：Cicero 4/2011。感谢给予我们翻印的权利。

参考文献

Claudia Anschütz (2004), Der EU-Beitritt Polens – ein Eliteprojekt?, in: Forschungsstelle Osteuropa der Universität Bremen (Hg.), Neues Europa? Osteuropa 15 Jahre danach, Arbeitspapiere und Materialien Nr. 60/2004, Bremen.

Patrick Artus (2010), Die deutsche Wirtschaftspolitik: ein Problem für Europa?, Friedrich-Ebert-Stiftung (Hg.), WISO direkt, Bonn.

Heinz-Jürgen Axt (1999), Frankreich in der Europäischen Union, in: Marieluise Christadler und Henrik Uterwedde (Hg.), Länderbericht Frankreich. Geschichte. Politik. Wirtschaft. Gesellschaft, Bonn, S. 465–483.

Konstantin Bärwaldt, Berthold Leimbach, Friedemann Müller (2009), Globaler Emissionshandel – Lösung für die Herausforderungen des Klimawandels?, Friedrich-Ebert-Stiftung (Hg.), Internationale Politikanalyse, Berlin.

Alexandra Baum-Ceisig und Anne Faber (Hg.) (2005), Soziales Europa? Perspektiven des Wohlfahrtsstaates im Kontext von Europäisierung und Globalisierung, Wiesbaden.

Sonja Blum u. a. (2010), Politisch limitierter Pluralismus: die Wohlfahrtssysteme der 27 Mitgliedsländer der Europäischen Union, Friedrich-Ebert-Stiftung (Hg.), Internationale Politikanalyse, Berlin.

Klaus-Dieter Borchardt (2002), Die rechtlichen Grundlagen der Europäischen Union, Heidelberg.

Erich Brost (1951), Das Gespräch, in: Westdeutsche Allgemeine Zeitung vom 19. Dezember 1951.

Gerhard Brunn (2008), Kleine Geschichte der Europäischen Union. Von der Europaidee bis zur Gegenwart, Münster.

Frank Bsirske (2006), Rede anlässlich des Hafenarbeiterstreiks vom 11. Januar 2006 in Hamburg, Port Package II, http://verkehr.verdi.de/haefen/port_package, abgerufen am 25. November 2010.

Bündnis 90/Die Grünen (2009), Für ein besseres Europa. Europawahlprogramm von Bündnis 90/Die Grünen, beschlossen auf der Bundesdelegiertenkonferenz vom 23. bis 25. Januar 2009.

Bündnis 90/Die Grünen (2002), Die Zukunft ist Grün, Grundsatzprogramm von BÜNDNIS 90/DIE GRÜNEN, beschlossen auf der Bundesdelegiertenkonferenz am 15.–17. März 2002 in Berlin.

Bundeszentrale für politische Bildung (Hg.) (2012), Europäische Union, Informationen zur politischen Bildung, Heft 279, Bonn.

Klaus Busch u. a. (2012), Eurokrise, Austeritätspolitik und das Europäische Sozialmodell: wie die Krisenpolitik in Südeuropa die soziale Dimension der EU bedroht, Friedrich-Ebert-Stiftung (Hg.), Internationale Politikanalyse, Berlin.

Klaus Busch (2012), Scheitert der Euro?: Strukturprobleme und Politikversagen bringen Europa an den Abgrund, Friedrich-Ebert-Stiftung (Hg.), Internationale Politikanalyse, Berlin.

Klaus Busch (2005), Perspektiven des Europäischen Sozialmodells, Expertise im Auftrag der Hans-Böckler-Stiftung, Arbeitspapier Nr. 92, Düsseldorf.

CDU (2009), Starkes Europa – Sichere Zukunft, Programm der Christlich Demokratischen Union Deutschlands zur Europawahl 2009, beschlossen am 16. März 2009.

CDU (2007), Freiheit und Sicherheit. Grundsätze für Deutschland, Grundsatzprogramm der CDU, beschlossen auf dem 21. Parteitag am 3.–4. Dezember 2007 in Hannover.

Michael Dauderstädt (2010), Staatsschulden und Schuldenstaat – Europa braucht ein neues Wachstumsmodell, Friedrich-Ebert-Stiftung (Hg.), WISO direkt, Bonn.

Roland Deinzer (2004), Konvergenz- und Stabilitätswirkungen einer europäischen Arbeitslosenversicherung, Berlin.

Udo Diedrichs und Wolfgang Wessels (2005), Die Europäische Union in der Verfassungsfalle? Analysen, Entwicklungen und Optionen, in: IEP (Hg.), Integration, 4/05, Berlin, S. 287–306.

Die Linke (2011), Programm der Partei DIE LINKE, beschlossen auf dem Parteitag der Partei DIE LINKE vom 21.–23. Oktober 2011, Erfurt.

Die Linke (2009), Solidarität, Demokratie, Frieden – Gemeinsam für den Wechsel in Europa!, Europawahlprogramm 2009 der Partei DIE LINKE, beschlossen am 28. Februar 2009.

Dieter Dowe und Kurt Klotzbach (Hg.) (2004), Programmatische Dokumente der deutschen Sozialdemokratie. Mit den aktuellen Programmentwürfen im Anhang, 4., überarbeitete und aktualisierte Aufl., Verlag J. H. W. Dietz Nachf., Bonn.

Sebastian Dullien (2010), Ungleichgewichte im Euro-Raum, akuter Handlungsbedarf auch für Deutschland, Friedrich-Ebert-Stiftung (Hg.), WISO Diskurs, Bonn.

Sebastian Dullien (2008), Eine Arbeitslosenversicherung für die Eurozone: Ein Vorschlag zur Stabilisierung divergierender Wirtschaftsentwicklungen in der Europäischen Währungsunion, SWP-Studie 2008/S01, Berlin.

EGB (2010), Europäischer Gewerkschaftsbund, European Trade Union Conference. Our Aims, http://www.etuc.org/r/2, abgerufen am 25. November 2010.

EGB (2008), Stellungnahme des Europäischen Gewerkschaftsbundes (EGB) zu den Urteilen des EuGH in den Fällen Viking und Laval – Entschließung, angenommen vom EGB-Exekutivausschuss am 4. März 2008 in Brüssel.

Felix Ekardt (2010), Soziale Gerechtigkeit in der Klimapolitik, Staat und Zivilgesellschaft 249, Hans-Böckler-Stiftung (Hg.), Düsseldorf, http://www.boeckler.de/pdf/p_edition_hbs_249.pdf, abgerufen am 25. November 2010.

延伸阅读:
针对欧洲的当前研究和分析可参见弗里德里希·艾伯特基金会国际政策研究的出版物
► www.fes.de/ipa

及弗里德里希·艾伯特基金会经济和社会政策部（WISO）的出版物
► www.fes.de/wiso

Serge Embacher (2009), Demokratie! Nein danke? Demokratieverdruss in Deutschland, Friedrich-Ebert-Stiftung (Hg.), Verlag J. H. W. Dietz Nachf., Bonn.

Erhard Eppler (2010), Epochenwende. Über die Notwendigkeit des Aufbaus einer sozialen Demokratie in Europa, Friedrich-Ebert-Stiftung (Hg.), Internationale Politikanalyse, Berlin.

Katharina Erdmenger u. a. (2009), Die soziale Dimension der EU – Binnenmarkt und faire Arbeitsbedingungen – ein Gegensatz?, Friedrich-Ebert-Stiftung (Hg.), Internationale Politikanalyse, Berlin.

Eurobarometer (2013a), Standard Eurobarometer 80, Table of Results, Brüssel.

Eurobarometer (2013b), EP Eurobarometer 79,5, DE, Brüssel.

Eurobarometer (2013c), EP Eurobarometer 79,5, GB, Brüssel.

Eurobarometer (2013d), EP Eurobarometer 79,5, FR, Brüssel.

Eurobarometer (2013e), EP Eurobarometer 79,5, PL, Brüssel.

Eurobarometer (2013f), EP Eurobarometer 79,5, EL, Brüssel.

Eurobarometer (2012), Standard Eurobarometer 72. Die öffentliche Meinung in der Europäischen Union, Table of Results, Europäische Kommission (Hg.), Brüssel.

Eurobarometer (2010), Eurobarometer Spezial 312. Bericht Armut und soziale Ausgrenzung, Europäische Kommission (Hg.), Brüssel.

Eurobarometer (2008), Standard Eurobarometer 69, 4. The European Union and its Citizens, Europäische Kommission (Hg.), Brüssel.

Europäische Kommission (2010), EUROPA 2020: Eine Strategie für intelligentes, nachhaltiges und integratives Wachstum, KOM (2010) 2020, Brüssel.

Europäische Kommission (2009), Das BIP und mehr: Die Messung des Fortschritts in einer Welt im Wandel, KOM (2009) 433, Brüssel.

Europäischer Rat (2009), Bericht des Vorsitzes des Europäischen Rats zur Überprüfung der EU-Strategie zur nachhaltigen Entwicklung, http://register.consilium.europa.eu/pdf/de/09/st16/st16818.de09.pdf, abgerufen am 25. November 2010.

Europäische Union (2000), Charta der Grundrechte der Europäischen Union, veröffentlicht im Amtsblatt der Europäischen Gemeinschaften (2000/C 364/01), Brüssel.

EU-Vertrag (2010), Konsolidierte Fassungen des Vertrags über die Europäische Union und des Vertrags über die Arbeitsweise der Europäischen Union, veröffentlicht im Amtsblatt der Europäischen Gemeinschaften (2010/C 83/01), Brüssel.

EWG-Vertrag (1957), Vertrag zur Gründung der Europäischen Wirtschaftsgemeinschaft, http://eur-lex.europa.eu/de/treaties/dat/11957E/tif/11957E.html, abgerufen am 25. November 2010.

FDP (2009), Ein Europa der Freiheit für die Welt des 21. Jahrhunderts, Programm der Freien Demokratischen Partei für die Wahl, beschlossen am 17. Januar 2009.

FDP (2012), Verantwortung für die Freiheit. Karlsruher Freiheitsthesen der FDP für eine offene Bürgergesellschaft. Beschluss des 63. Ordentlichen Bundesparteitages der FDP am 22. April 2012, Karlsruhe.

FINE (2013), Forschungsinitiative NRW: Perspektiven für eine Politische Union, Düsseldorf.

Joschka Fischer (2000), Vom Staatenverbund zur Föderation – Gedanken über die Finalität der europäischen Integration. Rede, gehalten am 12. Mai 2000 an der Humboldt-Universität zu Berlin, (http://whi-berlin.de/documents/fischer.pdf).

Severin Fischer u. a. (2010), EU 2020 – Impulse für die Post-Lissabonstrategie: Progressive Politikvorschläge zur wirtschaftlichen, sozialen und ökologischen Erneuerung Europas, Friedrich-Ebert-Stiftung (Hg.), Internationale Politikanalyse Berlin.

Friedrich-Ebert-Stiftung (Hg.) (2013), Zukunftsszenarien für die Eurozone: 15 Perspektiven zur Eurokrise, Internationale Politikanalyse, Berlin.

Friedrich-Ebert-Stiftung (Hg.) (2010a), Die Zukunft der Europäischen Wirtschafts- und Währungsunion, Internationale Politikanalyse, Berlin.

Friedrich-Ebert-Stiftung (Hg.) (2010b), Arbeitskreis Europa (2010): Weichenstellung für eine nachhaltige europäische Wohlstandsstrategie, Internationale Politikanalyse, Berlin.

Friedrich-Ebert-Stiftung (Hg.) (2009), Der EuGH und das soziale Europa. Für eine Aufwertung sozialer Grundrechte im EU-Rechtssystem, Internationale Politikanalyse, Berlin.

Friedrich-Ebert-Stiftung (Hg.) (2008), Europa global handlungsfähig machen – Zehn Thesen zur Gemeinsamen Außen- und Sicherheitspolitik Europas, Berlin.

Stefan Fröhlich (2007), Die Europäische Union als globaler Akteur – Eine Einführung, Wiesbaden.

Stefan Fröhlich (2002), Abschied vom alten System – die Erweiterung erfordert drastischere Reformen der EU-Institutionen, in: Zeitschrift für Politikwissenschaft, 12. Jahrgang (2002), Heft 3, München, S. 1099–1121.

Rusanna Gaber (2007), Politische Gemeinschaft in Deutschland und Polen. Zum Einfluss der Geschichte auf die politische Kultur, Wiesbaden.

Sigmar Gabriel (2010), Interview, in: Die Zeit, Nr. 22/2010, http://pdf.zeit.de/2010/22/Sigmar-Gabriel-Interview.pdf, abgerufen am 25. November 2010.

Cerstin Gammelin und Raimund Löw (2014), Europas Strippenzieher. Wer in Brüssel wirklich regiert, Berlin.

Steffen Ganghof und Philipp Genschel (2008), Deregulierte Steuerpolitik: Körperschaftsteuerwettbewerb und Einkommensbesteuerung in Europa, in: Martin Höpner und Armin Schäfer (Hg.), Die politische Ökonomie der europäischen Integration, Frankfurt am Main/New York, S. 311–333.

Andrea Gawrich u. a. (1999), Regierungssysteme Zentral- und Osteuropas, Opladen.

Philipp Genschel, Thomas Rixen, Susanne Uhl (2008), Die Ursachen des europäischen Steuerwettbewerbs, in: Ingeborg Tömmel (Hg.), Die Europäische Union: Governance und Policy-Making, PVS Sonderheft 40/2007, Wiesbaden, S. 297–320.

延伸阅读：
Ernst Hillebrand und Anna Maria Kellner (Hg.)(2014), Für ein anderes Europa. Beiträge zu einer notwendigen Debatte，Verlag J. H. W. Dietz Nachf., Bonn.

Marco Giesselmann u. a. (2013), Alternative Wohlstandsmessung, DIW Wochenbericht 9/2013, Berlin.

Norbert Gresch (1971), Zwischen Internationalismus und nationaler Machtbehauptung – die europäische Zusammenarbeit der sozialdemokratischen Parteien, in: Europäische Schriften des Instituts für Europäische Politik, Zusammenarbeit der Parteien in Westeuropa. Auf dem Weg zu einer neuen politischen Infrastruktur?, Bonn, S. 149–249.

Martin Große Hüttmann und Hans-Georg Wehling (2013), Das Europalexikon: Begriffe. Namen. Institutionen, Verlag J. H. W. Dietz Nachf., Bonn.

Grundrechtecharte der EU (2000), Charta der Grundrechte der Europäischen Union, veröffentlicht im Amtsblatt der Europäischen Gemeinschaften (2000/C 364/01), Brüssel.

Jürgen Habermas (2013), Demokratie oder Kapitalismus? Vom Elend der nationalstaatlichen Fragmentierung in einer kapitalistisch integrierten Weltgesellschaft, in: Blätter für deutschem und internationale Politik, Nr. 5/2013, Berlin, S. 59–70.

Jürgen Habermas (1991), Staatsbürgerschaft und nationale Identität – Überlegungen zur europäischen Zukunft, St. Gallen.

Björn Hacker und Gero Maaß (2010), Ein Grundsatzprogramm für die SPE Baustellen, Gemeinsamkeiten und Eckpunkte aus deutscher Perspektive, Friedrich-Ebert-Stiftung (Hg.), Internationale Politik-analyse, Berlin.

Björn Hacker (2013), Sollbruchstelle Krisenkurs: Auswirkungen der neuen Wirtschaftsgovernance auf das Europäische Sozialmodell, Friedrich-Ebert-Stiftung (Hg.), Internationale Politikanalyse, Berlin.

Björn Hacker (2011), Konturen einer politischen Union: die europäische Wirtschafts- und Währungsunion durch mehr Integration neu justieren, Friedrich-Ebert-Stiftung (Hg.), Internationale Politikanalyse, Berlin.

Björn Hacker (2009), Ein sozialer Stabilitätspakt für Europa, Diskussionspapier, Friedrich-Ebert-Stiftung (Hg.), Internationale Politikanalyse, Berlin.

Hamburger Programm (2007), Grundsatzprogramm der Sozialdemokratischen Partei Deutschlands, beschlossen auf dem Hamburger Bundesparteitag der SPD am 28. Oktober 2007.

Volker Hauff (Hg.) (1987), Unsere gemeinsame Zukunft: der Brundtland-Bericht der Weltkommission für Umwelt und Entwicklung, Greven.

Wolfgang Heidelmeyer (Hg.) (1997), Die Menschenrechte. Erklärungen, Verfassungsartikel, internationale Abkommen, 4., erneuerte und erweiterte Aufl., Paderborn u. a.

Arne Heise und Özlem Görmez-Heise (2010), Auf dem Weg zu einer europäischen Wirtschaftsregierung, Friedrich-Ebert-Stiftung (Hg.), Internationale Politikanalyse, Berlin.

Ernst Hillebrand und Anna Maria Kellner (Hg.) (2014), Für ein anderes Europa. Beiträge zu einer notwendigen Debatte, Verlag J. H. W. Dietz Nachf., Bonn.

Steven Hill (2010), Europe's Promise: Why the European Way is the Best Hope in an Insecure Age, Berke-ley/Los Angeles.

Simon Hix (2002), Parliamentary Behavior with Two Principals: Preferences, Parties, and Voting in the European Parliament, in: American Journal of Political Science 46 (3), S. 688–698.

Ottfried Höffe (2001), Gerechtigkeit. Eine philosophische Einführung, München.

Martin Höpner (2008), Das soziale Europa findet nicht statt – Anmerkungen zu den Fällen Viking und Laval, in: Mitbestimmung 5/2008, S. 46-49.

Katharina Holzinger u. a. (2005), Die Europäische Union: Theorien und Analysekonzepte, Paderborn.

Stefan Immerfall (2006), Europa – politisches Einigungswerk und gesellschaftliche Entwicklung. Eine Einführung, Wiesbaden.

Kurt Imhof (2002), Öffentlichkeit und Identität, in: Hartmut Kaelble u. a. (Hg.), Transnationale Öffentlichkeiten und Identitäten im 20. Jahrhundert, Frankfurt am Main, S. 37–55.

Markus Jachtenfuchs und Beate Kohler-Koch (1996), Regieren im dynamischen Mehrebenensystem, in: Markus Jachtenfuchs und Beate Kohler-Koch (Hg.), Europäische Integration, Opladen, S. 15–44.

Mathias Jopp (2006), Europäische Sicherheits- und Verteidigungspolitik, in: Werner Weidenfeld und Wolfgang Wessels (Hg.), Europa von A bis Z, Berlin, S. 176 ff.

Mathias Jopp und Sammi Sandawi (2009), Europäische Sicherheits- und Verteidigungspolitik, in: Werner Weidenfeld und Wolfgang Wessels (Hg.), Jahrbuch der Europäischen Integration 2009, Baden-Baden, S. 241–248.

Lionel Jospin (2001), Zukunft des erweiterten Europas. Rede, gehalten am 20. Mai 2001 in Paris (http://www.europa-reden.de/).

Cathleen Kantner (2004), Kein modernes Babel. Kommunikative Voraussetzungen europäischer Öffentlichkeit, Wiesbaden.

Christos Katsioulis u. a. (2010), European Union Security and Defence White Paper. A Proposal, Friedrich-Ebert-Stiftung (Hg.), Internationale Politikanalyse, Berlin.

Christos Katsioulis u. a. (2009), Eine Zukunftsagenda für die Europäische Sicherheits- und Verteidigungspolitik (ESVP), Friedrich-Ebert-Stiftung (Hg.), Internationale Politikanalyse, Berlin.

Christos Katsioulis (2008), Europäische Außenpolitik auf dem Prüfstand – Auf halber Strecke zum globalen Akteur?, Friedrich-Ebert-Stiftung (Hg.), Internationale Politikanalyse, Berlin.

Nicole Katsioulis und Christos Katsioulis (2013), Neue Koalition – alte Probleme. Griechenland nach der Regierungsumbildung, FES (Hg.), Berlin.

延伸阅读：

弗里德里希·艾伯特基金会线上学院的模块"欧洲身份意识"提供了关于欧洲一体化机构和发展的背景信息、文本和材料
► www.fes-online-akademie.de

波恩 Dietz 出版社出版的、由 Martin Große Hüttmann 和 Hans-Georg Wehling 出版的《欧洲词典》（*Europalexikon*）收录了重要的人物信息、概念和机构介绍（见第 36 页）。

Volker Kauder (2011), Bericht des Vorsitzenden der CDU/CSU-Bundestagsfraktion, 24. Parteitag der CDU vom 13.–15.11.2011, Leipzig.

Kempin, Ronja u. a. (2011), Strategische Ambivalenz überwinden: Szenarien für die Weiterentwicklung der Gemeinsamen Sicherheits- und Verteidigungspolitik, in: Annegret Bendiek u. a. (Hg.), Entwicklungsperspektiven der EU, SWP-Studie 2011/S 18, Juli 2011, S. 70–80.

Ansgar Klein u. a. (Hg.) (2003), Bürgerschaft, Öffentlichkeit und Demokratie in Europa, Opladen.

Wilhelm Knelangen (2005), „Sozialstaatswerdung" Europas? Integrationstheoretische Überlegungen zur Entwicklung der EU-Sozialpolitik, in: Alexandra Baum-Ceisig und Anne Faber (Hg.), Soziales Europa? Perspektiven des Wohlfahrtsstaates im Kontext von Europäisierung und Globalisierung, Wiesbaden, S. 20–45.

Beate Kohler-Koch u. a. (2004), Europäische Integration – Europäisches Regieren, Wiesbaden.

Hagen Krämer (2009), Wen beglückt das BIP?, Friedrich-Ebert-Stiftung (Hg.), WISO direkt, Bonn.

Christian Krell (2009), Sozialdemokratie und Europa. Die Europapolitik von SPD, Labour Party und Parti Socialiste, Wiesbaden.

Christian Krell (2008), Grundsatzprogramme und Wahlkämpfe – Gibt es einen Zusammenhang?, in: Neue Gesellschaft/Frankfurter Hefte 12/2008, S. 57–59.

Aleksander Kwaśniewski (2003), Rede in der Robert-Schuman-Stiftung nach dem Referendum am 8. Juni 2003, http://www.kwasniewskialeksander.pl/int.php?id=1589&mode=view, abgerufen am 25. November 2010.

Wolfgang R. Langenbucher und Michael Latzer (Hg.) (2006), Europäische Öffentlichkeit und medialer Wandel – Eine transdisziplinäre Perspektive, Wiesbaden.

Lesebuch: Geschichte der Sozialen Demokratie, Michael Reschke, Christian Krell, Jochen Dahm u. a. (2013), 3. Aufl., Lesebücher der Sozialen Demokratie, Friedrich-Ebert-Stiftung, Bonn.

Lesebuch 1: Grundlagen der Sozialen Demokratie, Tobias Gombert u. a. (2009), 3. Aufl., Lesebücher der Sozialen Demokratie, Band 1, Friedrich-Ebert-Stiftung, Bonn.

Lesebuch 2: Wirtschaft und Soziale Demokratie, Simon Vaut u. a. (2009), 3. Aufl., Lesebücher der Sozialen Demokratie, Band 2, Friedrich-Ebert-Stiftung, Bonn.

Lesebuch 3: Sozialstaat und Soziale Demokratie, Alexander Petring u. a. (2012), 2. Aufl., Lesebücher der Sozialen Demokratie, Band 3, Friedrich-Ebert-Stiftung, Bonn.

Lesebuch 5: Integration, Zuwanderung und Soziale Demokratie, Christian Henkes u. a. (2011), Lesebücher der Sozialen Demokratie, Band 5, Friedrich-Ebert-Stiftung, Bonn.

Lesebuch 6: Staat, Bürgergesellschaft und Soziale Demokratie, Tobias Gombert u. a. (2012), Lesebücher der Sozialen Demokratie, Band 6, Friedrich-Ebert-Stiftung, Bonn.

Hanna Lierse (2010), European economic governance – the OMC as a road to integration?, in: International Journal of Public Policy 6 (1/2) S. 35–49.

Claudia Major (2012), Viele europäische Soldaten, aber keine europäische Armee, Genshagener Papiere Nr. 10, Genshagen.

Philip Manow u. a. (2004), European Social Policy and Europe's Party-Political Center of Gravity, MPIfG Discussion Paper 04/6, Köln.

Max-Planck-Institut für Gesellschaftsforschung (Hg.) (2009), Eine europäische Sozialpolitik – wünschenswert, aber unmöglich? – Jo Leinen und Fritz W. Scharpf im Streitgespräch, in: Gesellschaftsforschung 2/2009, S. 6–9.

Volker Meinhardt und Bernhard Seidel (1998), Beschäftigungs- und Sozialpolitik, in: Werner Weidenfeld und Wolfgang Wessels (Hg.), Jahrbuch der Europäischen Integration 1997–98, Bonn, S. 129–134.

Christoph O. Meyer (2002), Europäische Öffentlichkeit als Kontrollsphäre: Die Europäische Kommission, die Medien und politische Verantwortung, Berlin.

Thomas Meyer (2013), Die Habermas-Streek-Kontroverse. Zwischenruf, in: Neue Gesellschaft/Frankfurter Hefte, 7–8/2013, Berlin, S. 17–20.

Thomas Meyer (2006), Praxis der Sozialen Demokratie, 1. Aufl., Wiesbaden.

Thomas Meyer (2005), Theorie der Sozialen Demokratie, 1. Aufl., Wiesbaden.

Thomas Meyer (2004), Die Identität Europas, Frankfurt am Main.

Thomas Meyer (2002), Identitätspolitik – Vom Missbrauch kultureller Unterschiede, Frankfurt am Main.

Jürgen Mittag (Hg.) (2006), Politische Parteien und Europäische Integration. Entwicklung und Perspektiven transnationaler Parteienkooperation in Europa, Essen.

François Mitterrand (1978), L'Europa sera socialiste ou ne sera pas, Dossier Europa, in: Nouvelle Revue Socialiste, décembre 78, n° 36, S. 11–17.

Gisela Müller-Brandeck-Bocquet (2006), Überlastet ein Türkei-Beitritt die EU?, Dossier der Bundeszentrale für politische Bildung, Bonn.

Friedhelm Neidhardt u. a. (2000), Konstitutionsbedingungen politischer Öffentlichkeit: Der Fall Europa, in: Hans-Dieter Klingemann und Friedhelm Neidhardt (Hg.), Zur Zukunft der Demokratie: Herausforderungen im Zeitalter der Globalisierung, Fulda, S. 263–293.

Heinz Herbert Noll und Angelika Scheuer (2006), Kein Herz für Europa? Komparative Indikatoren und Analysen zur europäischen Identität der Bürger, in: Informationsdienst Soziale Indikatoren, Ausgabe 35, Mannheim, S. 1–5.

Abdul G. Noury (2002), Ideology, Nationality and Euro-Parliamentarians, in: European Union Politics 3/2002, S. 33–58.

Hans-Wolfgang Platzer (2014), Rolling Back or Expanding European Integration? Barriers and Paths to Deepening Democratic and Social Integration, Friedrich-Ebert-Stiftung

(Hg.), Internationale Politikanalyse, Berlin.

Hans-Wolfgang Platzer (2010), Europäisierung der Gewerkschaften. Gewerkschaftspolitische Herausforderungen und Handlungsoptionen auf europäischer Ebene, Friedrich-Ebert-Stiftung (Hg.), Internationale Politikanalyse, Berlin.

Elfriede Regelsberger (2009), Gemeinsame Außen- und Sicherheitspolitik, in: Werner Weidenfeld und Wolfgang Wessels (Hg.), Jahrbuch der Europäischen Integration 2009, Baden-Baden, S. 249–256.

Thomas Rixen und Susanne Uhl (2011), Unternehmensbesteuerung europäisch harmonisieren! Was zur Eindämmung des Steuerwettbewerbs in der EU nötig ist, Friedrich-Ebert-Stiftung (Hg.), Internationale Politikanalyse, Berlin.

Fritz W. Scharpf (1999), Regieren in Europa. Effektiv und demokratisch?, Frankfurt am Main.

Joachim Schellnhuber u. a. (Hg.) (2010), Global Sustainability: A Nobel Cause, Cambridge.

Cäcilie Schildberg (2010), Politische Identität und Soziales Europa – Parteikonzeptionen und Bürgereinstellungen in Deutschland, Großbritannien und Polen, Wiesbaden.

Helmut Schmidt (2011), Rede auf dem SPD-Bundesparteitag am 4. Dezember 2011, Berlin.

Siegmar Schmidt und Wolf J. Schünemann (2009), Europäische Union. Eine Einführung, Baden-Baden.

Ralf Schüle (Hg.) (2008), Grenzenlos handeln? Emissionsmärkte in der Klima- und Energiepolitik, München.

Martin Schulz (2013a), Finanztransaktionssteuer. Das kommt aus Brüssel, FAZ vom 3.3.2013.

Martin Schulz (2013b), Der gefesselte Riese: Europas letzte Chance, Berlin.

Gesine Schwan (2010), Wege in eine gemeinsame Zukunft, Verlag J. H. W. Dietz Nachf., Bonn.

Günter Seufert (2002), Keine Angst vor den Türken!, in: Die Zeit, Nr. 39/2002.

Michael Sommer (2010), Wenn nicht jetzt, wann dann? Das Soziale Europa braucht eine politische Grundsatzentscheidung, in: Michael Sommer, Frank Bsirske, Wolfgang Rohde (2010), Business as usual oder eine neue Zukunftsstrategie? Die Strategie Europa 2020 aus der Perspektive deutscher Gewerkschaften, Friedrich-Ebert-Stiftung (Hg.), Internationale Politikanalyse, Berlin, S. 4–7.

SPD (2009), Für Europa – stark und sozial, Europamanifest der Sozialdemokratischen Partei Deutschlands für die Wahlen zum Europäischen Parlament 2009, beschlossen am 8. Dezember 2008.

SPD (2007), Hamburger Programm, Grundsatzprogramm der Sozialdemokratischen Partei Deutschlands, beschlossen auf dem Hamburger Bundesparteitag der SPD am 28. Oktober 2007.

SPD (1971), Europa-Politik der SPD. Informationen und Argumente, Reihe Außenpolitik, Vorstand der Sozialdemokratischen Partei Deutschlands (Hg.), Heft 3, Bonn.

SPD und DGB (2009), Für ein Europa des sozialen Fortschritts – Gemeinsames Positionspapier von SPD und DGB, Berlin.

SPD-Fraktion (Hg.) (2007), Auf dem Weg zu einer Europäischen Armee, Positionspapier der Arbeitsgruppen Sicherheitsfragen und Europäische Angelegenheiten der SPD-Fraktion, März 2007, Berlin.

SPE (2013), Sozialdemokratische Partei Europas, Fundamental Programme, Brüssel.

SPE (2009), Sozialdemokratische Partei Europas, Wahlmanifest zur Europawahl 2009. Der Mensch im Mittelpunkt: Eine neue Richtung für Europa, Brüssel.

Nicholas Stern (2006), The Economics of Climate Change – The Stern Review, Cambridge, http://www.hm-treasury.gov.uk/stern_review_report.htm, abgerufen am 25. November 2010.

Wolfgang Streek (2013a), Was nun, Europa? Kapitalismus ohne Demokratie oder Demokratie ohne Kapitalismus, in: Blätter für deutsche und internationale Politik, Nr. 4/2013, Berlin, S. 57–68.

Wolfgang Streek (2013b), Vom DM-Nationalismus zum Euro-Patriotismus? Eine Replik auf Jürgen Habermas, in: Blätter für deutsche und internationale Politik, Nr. 9/2013, Berlin, S. 75–92.

Andrej Stuchlík (2008), Europa auf dem Weg zur sozialen Union? Die Sozialagenda der EU im Kontext europäischer Sozialstaatlichkeit, Friedrich-Ebert-Stiftung (Hg.), Internationale Politikanalyse, Berlin.

Ingeborg Tömmel (2008), Das politische System der EU, München.

Verlag J. H. W. Dietz Nachf. (Hg.) (1982), 100 Jahre Verlag J. H. W. Dietz Nachf.: 1881–1981. Vorträge auf der Festveranstaltung zum 100jährigen Bestehen des Verlages J. H. W. Dietz Nachf. am 3. November 1981 in Bonn, Bonn.

Vertrag von Amsterdam (1997), Vertrag von Amsterdam zur Änderung des Vertrages über die Europäische Union, der Verträge zur Gründung der Europäischen Gemeinschaften sowie einiger damit zusammenhängender Rechtsakte, veröffentlicht im Amtsblatt der Europäischen Gemeinschaften Nr. C 191 vom 10. November 1997, Brüssel.

Angelika Volle (1992), Großbritannien, Deutschland und die EG der Zukunft, in: Karl Rohe u. a. (Hg.), Länderbericht Großbritannien. Geschichte. Politik. Wirtschaft, Bonn, S. 459–475.

Stephanie Weiss (2004), Die Erweiterung aus der Sicht der Beitrittskandidaten, in: Landeszentrale für politische Bildung Baden-Württemberg (Hg.), Die Osterweiterung der EU, Zeitschrift: Der Staat im Bürger, Heft 1/2004, Stuttgart, S. 11–16.

Reinhard Wesel (2004), Deutschlands „außenpolitische Kultur". Zu Entwicklung und Wandlung der Haltung der Deutschen zur internationalen Politik, in: Gotthard Breit (Hg.), Politische Kultur in Deutschland. Eine Einführung, Schwalbach am Taunus, S. 58–88.

[HÖRBUCH]

最新消息：读本现提供相应的有声读物，您可获取电子版或 CD 版本的有声读物
▶ www.fes-soziale-demokratie.de

145

关于作者

卡奇·巴里（Kaki Bali），1963 年生，希腊日报 *Avgi* 和平台 "ernatiapost. gr" 的记者。曾在塞萨洛尼基攻读数学专业，并在德国霍恩海姆大学主修传播学。

约亨·达姆（Jochen Dahm），1981 年生，弗里德里希·艾伯特基金会政治学院负责人。曾在明斯特和马拉加学习政治科学、传播学和公共法学。

塞弗林·菲舍尔（Severin Fischer），1983 年生，2011 年开始成为德国科学和政治基金会（SWP）欧盟一体化研究小组的研究员。2008 年至 2011 年期间，他担任了柏林欧洲政策研究所（IEP）欧盟能源和气候政策研究小组的项目主任。曾在埃尔朗根和布达佩斯攻读政治学专业。

托比亚斯·贡贝特（Tobias Gombert），1975 年生，是施普林（Springe）协会教育和会议中心的副校长，同时也是培训老师、咨询顾问和调解专家。在校期间主修教育学、德国文学和哲学，并另外选修了系统性咨询和调解。2003 年至 2007 年担任社民党青年团主席团成员，在这段时间里参与建立了社民党青年团学校。

克里斯蒂安·克雷尔（Christian Krell）博士，1977 年生，弗里德里希·艾伯特基金会波恩政治学院负责人，波恩大学教育专员。曾在锡根大学和约克大学学习政治学、历史学、经济学和社会学。2007 年获政治学博士学位，博士论文研究德国社民党、英国工党和法国社会党的欧洲政策。

塞西里·希尔德伯格（Cäcilie Schildberg）博士，1976 年生，

就职于弗里德里希·艾伯特基金会全球政策部门，重点关注性别和社会公正。此前曾是阿根廷弗里德里希·艾伯特基金会的项目助理。大学时期在德国波鸿鲁尔大学主修历史学、政治学、罗曼语和罗曼语文学。2008年在多特蒙德获得博士学位，博士论文研究欧洲的身份意识。2007年至2010年，她作为培训老师负责社会民主主义学院的欧洲主题课程。

尤利安·施瓦茨科普夫（Julian Schwartzkopff），1986年生，从2011年开始在佛罗伦萨的欧洲大学学院攻读博士。2009年至2010年期间，担任柏林欧洲政策研究所欧盟能源和气候政策研究小组的学生助理。曾在柏林攻读政治学专业，并在剑桥大学主修国际关系。

马丁·廷佩（Martin Timpe），1978年生，供职于莱茵兰—普法尔茨州的教育、科学、再教育和文化部。此前是社民党主席团教育和科学政策的负责人，自2007年开始作为社会民主主义学院的研讨课主持人。曾在柏林自由大学的奥托·苏尔学院主修政治学专业。

安妮·瓦根菲尔（Anne Wagenführ），1985年生，布鲁塞尔总代表处的德国明爱协会负责人。此前供职于欧盟委员会总秘书处。目前担任社会民主主义学院研讨课主持人。曾在明斯特、里尔和伦敦攻读政治学专业（侧重于欧洲研究）。

20个关键词：

1. 《单一欧洲法案》
（第44、63、74页）

2. 欧盟扩大
（第43页，第117页起）

3. 欧元
（第63页起，第70页）

4. 欧元债券
（第103页）

5. 欧洲身份意识
（第119页）

6. 欧洲条约
（第40页起，第44页起）

7. 欧洲经济政府
（第101页起）

8. 雅克·德洛尔
（第64页）

9. 让·莫内
（第40页）

10. 凯瑟琳娜·福克
（第56页）

11. 消极一体化
（第23、35、62页）

12. 欧盟机构
（第49页起，第60页）

13. 积极一体化
（第35、73页）

14. 罗伯特·舒曼
（第140页）

15. 社会福利的欧洲
（第32页起，第35、125页）

16. 土耳其加入欧盟
（第117页起）

17. 《马斯特里赫特条约》
（第44页起，第87页）

18. 《阿姆斯特丹条约》
（第46、77、82页）

19. 《里斯本条约》
（第47、58、76页）

20. 威廉·哈弗坎普
（第54页）

社会民主主义系列读本

社会民主主义学院

[HÖRBUCH]

有声书

Dezember 2012
6 CDs plus Booklet
6:49 h
ISBN
978-3-86498-406-8
5 Euro

《社会民主主义的历史》

米夏埃尔·雷施克（Michael Reschke）
克里斯蒂安·克雷尔（Christian Krell）
约亨·达姆（Jochen Dahm）等著
弗里德里希·艾伯特基金会政治学院
160 页，平装，5 欧元
ISBN 978-3-86498-443-3
第 3 版，2013 年 1 月
Lesebuch：*Geschichte der Sozialen Demokratie*
Politische Akademie der Friedrich-Ebert-Stiftung.
160 Seiten，broschiert，5 Euro
ISBN 978-3-86498-443-3
3.，aktualisierte Auflage，Januar 2013

　　1863 年 3 月 3 日，全德工人联合会在莱比锡成立。2013 年，社会民主党庆祝其党派建立 150 周年。它的历史有什么特点？它的 21 世纪之路将走向何方？150 年的发展历程中，并非一帆风顺，更走了些弯路、倒退和岔路。《社会民主主义的历史》这一读本邀请您学习社会民主主义的源头和它身上烙印的标记。

《社会民主主义的基础》

托比亚斯·贡贝特（Tobias Gombert）等著

弗里德里希·艾伯特基金会政治学院

160 页，平装，5 欧元

ISBN 978-3-95861-034-7

第 4 版，2014 年 12 月

Lesebuch 1：*Grundlagen der Sozialen Demokratie*

Politische Akademie der Friedrich-Ebert-Stiftung.

160 Seiten，broschiert，5 Euro

ISBN 978-3-95861-034-7

4., aktualisierte Auflage，Dezember 2014

[HÖRBUCH]

有声书

Juli 2012
5 CDs plus Booklet
5:15 h
ISBN
978-3-86872-397-7
5 Euro

　　本书讨论的问题是社会民主主义的政治在 21 世纪能够且必须有什么样的特点。社会民主主义以哪些价值为基础？它追随的目标是什么？如何才能够践行这些目标？本册读本用理论和实践的方法，尤其是通过不同国家和社会模式的对比，来探讨这些问题的答案。

《经济与社会民主主义》

西蒙·沃特（Simon Vaut）等著

弗里德里希·艾伯特基金会政治学院

160 页，平装，5 欧元

ISBN 978-3-86872-237-6

第 3 版，2009 年 12 月

Lesebuch 2：*Wirtschaft und Soziale Demokratie*

Politische Akademie der Friedrich-Ebert-Stiftung.

160 Seiten，broschiert，5 Euro

ISBN 978-3-86872-237-6

3., aktualisierte Auflage，Dezember 2009

[HÖRBUCH]

有声书

November 2010
6 CDs plus Booklet
5:25 h
ISBN
978-3-86872-537-7
5 Euro

　　本书探讨的是这样一个问题，即现代的、与价值相连的社会民主主义经济政策如何才能成功。一个建立在自由、公正和团结这些价值之上的经济政策有哪些理论基础？它以哪些原则作为依据？最重要的：这种经济政策如何得到践行？英国经济学家约翰·梅纳德·凯恩斯（John Maynard Keynes）在本书中扮演了重要角色。

[HöRBUCH]

有声书

November 2010
6 CDs plus Booklet
5:25 h
ISBN
978-3-86872-537-7
5 Euro

《社会福利国家与社会民主主义》

亚历山大·彼得林（Alexander Petring）等著
弗里德里希·艾伯特基金会政治学院
160 页，平装，5 欧元
ISBN 978-3-86498-348-1
第 2 版，2012 年 11 月
Lesebuch 3：Sozialstaat und Soziale Demokratie
Politische Akademie der Friedrich-Ebert-Stiftung.
160 Seiten，broschiert，5 Euro
ISBN 978-3-86498-348-1
2., aktualisierte Auflage，November 2012

　　本书描述了社会福利国家和民主之间的基本关联，展现了哪些公正概念影响了社会福利国家。书中阐释了在哪些国家类型中，各国组织起了社会团结。本书还致力于对社会福利国家的普遍批判，并指明了实际挑战，对政党的社会政策纲领进行了概览，并详细讨论了劳动、退休、医疗卫生、教育和纳税等社会福利领域的问题。

[HöRBUCH]

有声书

Juli 2011
6 CDs plus Booklet
5:30 h
ISBN
978-3-86872-777-7
5 Euro

《欧洲与社会民主主义》

塞西里·希尔德伯格（Cäcilie Schildberg）等著
弗里德里希·艾伯特基金会政治学院
160 页，平装，5 欧元
ISBN 978-3-86872-547-6
第 1 版，2010 年 12 月
Lesebuch 4：Europa und Soziale Demokratie
Politische Akademie der Friedrich-Ebert-Stiftung.
160 Seiten，broschiert，5 Euro
ISBN 978-3-86872-547-6
1. Auflage，Dezember 2010

　　欧盟提供了一个在和平和民主的协作中，共同实现富裕、社会均衡和可持续的机会。但与欧洲联系在一起的不仅是希望，还有恐惧。本书探究的是：社会民主主义如何才能在欧洲内部、与欧洲一道并在欧洲范围以外得以实现？哪些欧洲准则在此适用？社会福利的欧洲如何才能达到？对于社会民主主义来说，欧洲一直都是一个重要的、有现实意义且迷人的环节。

《融合、移民与社会民主主义》

克里斯蒂安·亨克斯（Christian Henkes）等著

弗里德里希·艾伯特基金会政治学院

160 页，平装，5 欧元

ISBN 978-3-86872-606-0

第 1 版，2011 年 2 月

Lesebuch 5：*Integration，Zuwanderung und Soziale Demokratie*

Politische Akademie der Friedrich-Ebert-Stiftung.

160 Seiten，broschiert，5 Euro

ISBN 978-3-86872-606-0

1. Auflage，Februar 2011

[HÖRBUCH]

有声书

November 2011

6 CDs plus Booklet

5:35 h

ISBN

978-3-86872-918-4

5 Euro

约翰内斯·劳（Johannes Rau）曾这样说过，融合和移民是必须进行结构性讨论，且"不得对此有恐惧或空想"的主题。本书是对该种讨论的一点帮助。自由、公正、团结是如何在"融合和移民"的主题中发挥作用的？为什么参与和认同是社会民主主义融合政策中的两大中心概念？本书提供了多样的着手点：来自融合研究的思考，融合时间与方法的成功案例，对民族国家极限和政党纲领的考察。

《国家、公民社会与社会民主主义》

托比亚斯·贡贝特（Tobias Gombert）等著

弗里德里希·艾伯特基金会政治学院

160 页，平装，5 欧元

ISBN 978-3-86498-075-6

第 1 版，2012 年 3 月

Lesebuch 6：*Staat，Bürgergesellschaft und Soziale Demokratie*

Politische Akademie der Friedrich-Ebert-Stiftung.

160 Seiten，broschiert，5 Euro

ISBN 978-3-86498-075-6

1. Auflage，März 2012

[HÖRBUCH]

有声书

Mai 2012

6 CDs plus Booklet

5:52 h

ISBN

978-3-86498-111-1

5 Euro

国家和公民社会是如何促成社会民主主义的成功的？公民社会能够做哪些国家和市场不能做到的事情？本书以这个问题为中心点，探寻的是，要想在社会民主主义基础上共同生活，我们就必须建成什么样的公民社会？本书尝试弄清楚这个引起许多讨论的政治领域。

图书在版编目(CIP)数据

欧洲与社会民主主义/(德)塞西里·希尔德伯格等
著;董勤文,黄卫红译.—上海:格致出版社,
2022.9
ISBN 978 - 7 - 5432 - 3280 - 8

Ⅰ. ①欧… Ⅱ. ①塞… ②董… ③黄… Ⅲ. ①政治-
研究-欧洲 ②欧洲经济-经济发展-研究 Ⅳ.
①D750.0 ②F150.4

中国版本图书馆 CIP 数据核字(2022)第 157265 号

责任编辑 顾 悦
装帧设计 路 静

欧洲与社会民主主义

[德]塞西里·希尔德伯格 等著

董勤文 黄卫红 译

出 版 格致出版社
　　　　(201101 上海市闵行区号景路 159 弄 C 座)
发 行 上海人民出版社发行中心
印 刷 上海商务联西印刷有限公司
开 本 787×1092 1/16
印 张 10
插 页 2
字 数 122,000
版 次 2022 年 9 月第 1 版
印 次 2022 年 9 月第 1 次印刷
ISBN 978 - 7 - 5432 - 3280 - 8/D · 168
定 价 88.00 元